KB155780

보수가 세워야 할 자유주의의 가치

re-right, liberal-right

리라이트

보수가 세워야 할 자유주의의 가치

윤석만 지음

가디언

미래의 보수를 위한 제언

김의영 (서울대 교수, 정치학)

정치는 진보와 보수의 양 날개로 난다. 이를 위해선 유능한 진보와 함께 건강한 보수도 필요하다. 그래야만 사회가 무리 없이 안정적으로 발전할 수 있다. 하지만 2018 지방선거 결과가 보여주듯 한국의 보수는 궤멸 직전이다. 정확히 말하면 한국의 보수 그 자체가 아니라, 보수 정당과 정치인이 빈사 상태에 놓여 있다.

한편으로 여선히 보수를 지향하는 시민들 다수는 지금도 여전히 건강하며 개혁적인 새로운 보수 정당과 정치인이 나오길 기대하고 있다. 그러므로 보수 정치는 곧바로 시민들의 이런 요구에 화답해야 한다.

그렇다면 보수 정치는 앞으로 어떤 모습을 보여야 할까. 이를 논하기 위해서는 먼저 두 가지가 전제돼야 한다.

첫째, 앞으로의 보수 정치는 성장과 반공의 이데올로기를 뛰어넘을 수 있는 새로운 가치와 철학을 가져야 한다.

둘째, 더 이상 과거의 유물에만 얽매이지 말고 미래지향적인 보수 정당과 정치인으로 새롭게 태어나야 한다.

하지만 저자는 지금의 상황이 심각하다고 해서 정체성까지 버리고 어설프게 진보를 따라 하거나 적당한 물갈이로 대증요법을 취해선 안 된다고 경고한다. 오히려 보수주의의 근본 철학과 가치가 무엇인지 더욱 깊이 있게 고민하길 촉구하고 있다. 즉, 보수주의가 가진 과거의 전통과 문화유산 속에서 그 해법을 찾아야 한다는 이야기다.

그러나 저자가 생각하는 과거는 1960~1970년대, 또는 1980~1990년대가 아니다. 민주주의라는 정치 체제 아래 보수주의가 처음 생겨난 시점부터를 의미한다. 이렇게 저자의 생각을 따라 보수의 근본 가치와 철학이 무엇인지 고민을 이어가다 보면 필연적으로 우리는 자유주의와 맞닥뜨리게 된다. 서구의 민주주의 발전 과정에서 보수의 핵심 가치는 자유주의에 기반을 두고 있기 때문이다.

하지만 한국에서는 그동안 자유주의가 제대로 대접받지 못했다. 분단이라는 특수한 상황과 급속한 산업화가 맞물리며 성장과 안보의 반대급부로 자유가 희생되어온 측면이 크기 때문이다. 어쩌면 저자의 주장처럼 지금까지 보수라 불렸던 정당과 정치인은 민주적 보수의 외피를 뒤집어쓴 권위주의 세력이었는지도 모른다.

이런 문제의식을 토대로 저자는 한국 보수 정치의 민낯을 다양한 사례를 들어 깊이 있게 조망했다. 언론인이 아니라면 알 수 없는, 생생하며 때론 충격적인 이야기들로 정치 현실을 직시했다. 이를 통해 한국의 보수가 어떻게 만들어졌고, 지금까지 이어져왔는지 일목요연하게 살펴봤다.

그 과정에서 한국의 보수 정치가 겉으론 '자유민주주의' 체제를 강조하면서도 정작 '자유주의'엔 왜 인색했는지, 또 사상적 토대 없이 무분별하게 받아들인 경제적 자유주의 때문에 어떤 폐해가 생겼는지 설명한다. 그러면서 미래의 보수는 사회적 자유주의와 정치적 자유주의를 받아들여야 한다고 강조한다. 다만 분단이라는 엄연한 현실을 감안하여 사회적 자유주의가 확산된 이후에 정치적 자유주의를 받아들여야 한다는 단계적 방법론을 제시하고 있다.

이 책은 정치학 이론서가 아니기 때문에 학자의 관점에서 보면 다소 거칠게 쓰인 부분이 없지 않다. 그렇지만 그가 제기하는 자유주의 담론은 보수의 재건을 꿈꾸는 정치인들이 깊이 새겨들어야 할 부분이다.

부디 건강하고 미래지향적인 보수들이 많이 나와 자유주의의 철학과 가치를 받아들여 보수를 재건하고, 꺾여버린 한국 정치의 양 날개의 균형을 맞춰주길 기대한다.

인간의 아집은 시대정신과 역사의 흐름을 거스를 수 없다. 빠르게 변화하는 세상에서 고리타분한 논리를 붙잡고 늘어진다면 후대에 '수구'라는 오명만 얻게 될 뿐이다.

이 책은 자칫 역사의 또 다른 과오가 될지도 모르는 현재의 보수 세력을 재탄생시키기 위해 썼다. 그 때문에 기존의 보수 정치인, 그리고 이들의 이념적 좌표가 되는 보수 지식인, 또 그들을 따르는 많은 지지자를 불편하게 할 것이다. 그렇지만 이 책은 앞으로 보수가 나아가야 할 방향을 새롭게 제시한다는 점에서 의미가 있다.

나는 기존의 보수 정치인을 대변하기 위해서가 아니라, 보수의 존재 이유를 증명하기 위해 이 책을 썼다. 책을 통해 새로운 보수가 추구해야 할 가치와 이념을 제시하고, 앞으로 펼쳐질 미래 사회에 필요한 보수의 모습은 어떤 것인지, 이를 위해 우리는 무엇을 준비해야 할지 차분히 살펴볼 것이다.

우리가 마주한 시대정신은 두 가지다.

첫째는 4차 산업혁명에서 촉발된 과학기술의 발달과 문명의 혁신이다. 기술의 발전은 늘 의식과 문화, 제도를 변화시켰다. 그런데 우리 앞에 다가온 새로운 기술혁명은 이전보다 훨씬 거센 파고가 될 것이다. 과거의 기술 발전이 손과 발, 눈과 귀 같은 인간의 신체를 확장하는 것이었다면, 미래의 기술은 인공지능AI의 상용화로 인간의 판단과 사고력까지 대체할 것이기 때문이다.

이런 기술 문명의 발전은 인류에게 새로운 삶과 가치를 만들어낸다. 그 안에서 보수는 무엇을 지키고 어떻게 변화해갈 것인가.

변화의 속도가 빠른 시대일수록 보수가 말의 고삐를 잡고 안정적으로 이끌어야만 그 사회는 큰 혼란과 갈등 없이 발전할 수 있다. 그러려면 보수 스스로 뼈를 깎는 혁신으로 진보보다 먼저 새로운 문물에 눈을 뜨고 변화의 DNA를 체득해야 한다. 그렇지 않다면 보수는 '각주구검刻舟求劍'하는 사공처럼 도도한 강물의 흐름에 휩쓸려버릴 것이다.

둘째는 숨 가쁘게 진행되는 최근의 정세가 한반도를 다시 지정학地政學의 시대로 몰고 있다는 점이다. 고립된 섬나라와 같았던 대한민국이 새롭게 형성되는 국제 질서의 흐름에 따라 아시아 대륙과 태평양을 연결하는 교두보의 역할을 할 가능성이 커지고 있다. 성급한 낙관론은 견제해야겠지만, 지금부터 준비하지 않는다면 한반도의 운명을 둘러싼 미래의 키를 또다시 열강들의 손에 빼앗길 수 있다.

그런 의미에서 지금의 상황은 19세기 조선의 경우와 닮았다. 슈퍼 파워 국가인 미국과 중국을 필두로, 여전히 그 힘을 자랑하는 일본과 러시아 등의 열강은 한반도 문제에 깊이 관여하려고 한다. 이들의 개입으로 한반도는 다시 '서세동점西勢東漸'과 '개화'의 시대로 흐르고 있다. 다만 달라진 것은 개화의 주체가 북한이며, 이를 이끌어갈 든든한 파트너로 세계 10위의 경제대국인 대한민국이 존재한다는 점이다.

결국 대한민국은 한반도의 평화와 북한의 개방을 동시에 추구해야 하는 시대적 과제를 안고 있다. 지금까지 북한을 대화의 장으로 이끌어내고 현재와 같은 평화 분위기를 만든 것은 진보 정권의 공이지만, 앞으로 이를 안정적으로 운영하고 이끌어나갈 책임의 절반은 보수에게 있다. 진보의 성과가 꼴 보기 싫어 마치 일부러 폄훼하는 것 같은 보수 대표 정치인들의 언행은 시대착오적인 생각으로 비판받기 십상이다.

19세기 쇄국의 역사가 한반도를 어떤 운명으로 몰아넣었는지 우리는 잘 알고 있다. 서학西學을 경계하는 사대부의 아집과 새로운 세상에 눈을 뜨지 못한 집권층의 아둔함은 세계 속의 고립을 자초했고, 조선의 역사적 발전을 정체시켰다. 그 사이 오랑캐라며 무시했던 일본은 메이지유신明治維新, 1867을 단행하며 서양의 신문물을 받아들이고 근대국가로 도약했으며, 그 결과 한반도는 일제 식민통치라는 역사적 시련을 겪어야 했다.

만일 개화기의 보수 세력이 조금 더 개방과 관용의 자세를 가졌다면 어땠을까. 김옥균·유길준·서재필 등 개화 사상가들이 처음 조선에 소개한 서구의 자유주의 정신이 일찌감치 뿌리를 내렸다면 역사는 어떻게 달라졌을까. 물론 이들은 개인의 자유를 강조하는 본원적 의미의 자유주의보다는 그 결과로서 국가가 부강해지는 것에 방점을 찍고 있었다. 이들은 서양 문명의 힘이 자유주의에서 기인한다고 봤기 때문이다. 그럼에도 조금 더 일찍 자유주의와 민주주의의 이념을 받아들였다면 앞선 세대들이 겪었던 비극은 없었을 것이고, 우리 역시 지금보다 훨씬 나은 삶을 살았을 것이다.

그런데 지금 보수를 대표하는 정치인들의 말과 행동을 보면 개화기의 척사파와 그다지 다른 점을 찾기 어렵다. 진보 여당과 대등한 의석수를 갖고 있으면서도 국민 눈에는 무능한 정치집단으로만 비친다. 현재 상황에서는 눈을 씻고 보아도 진보와 대등하게 안정적으로 정치를 이끌어갈 인물이 보이지 않는다. 지금과 같은 상태라면 앞으로도 당분간 희망이 없다. 2018년 지방선거 결과가 이를 증명한다.

정치는 보수와 진보의 양 날개로 난다. 어느 한편으로 기울어진 정치는 그 사회를 혼란과 갈등으로 몰고 간다. 따라서 지금은 매우 중요한 시기라 할 수 있다. 만일 보수가 새롭게 태어나 자신의 실력을 충분히 쌓아간다면 다시 진보와 경쟁하며 역사의 발전을 이끌 수 있을 것이다. 하지만 개혁과 쇄신 없이 계속해서 지리멸렬한 아노미 상태에 빠져 있다면 10년, 20년이 지나도 보수의 집권은 요원할 것이다.

그렇다면 앞으로 보수가 안정적인 대안 세력이 되려면 어떻게 해야 할까.

먼저 보수의 본질과 정체성부터 재정립해야 한다. 이를 위해 이 책에서는 종종 동의어처럼 쓰이기도 하는 '국가주의'와 '권위주의'를 분리하여 사용하려 한다. 국가주의는 민주화 이전, 즉 국민이 직접 투표를 하지 못했던 군부 독재 시절까지 집권했던 세력이 통치 이념으로 삼았던 이데올로기라 할 수 있다. 이때는 국가주의 대 민주화의 시절이었다.

반면 권위주의 세력은 민주화의 봄(1987년부터 최초의 문민정부가 탄생한 1993년까지) 이후 형성된 정치 세력을 뜻한다. 이들은 제도로서 민주주의가 정착된 이후 과거의 민주화 세력과 국가주의 세력이 합쳐져 탄생했고, 이들이 주로 활동하는 정당이 지금까지 보수 정당으로 불려왔다. 그러나 이들은 민주화된 사회에서도 여전히 국가주의 세력들이 주로 사용했던 반공 이데올로기를 국시로 삼았다. 보수로 불렸지만 이들의 사상에는 사실상 보수의 본질이라 할 '자유주의'가 빠져 있었다.

나는 이런 보수의 본질을 새롭게 정립하기 위해 '리라이트Re-Right, Liberal-Right'라는 개념을 제안하고자 한다. 여기에는 한국의 보수를 재건한다는 뜻(Re-Right)도 있고, 보수의 정체성을 자유주의적 가치(Liberal-Right)로 삼아야 한다는 의미도 포함되어 있다. 이 둘을 합쳐 자유주의적 이념을 토대로 보수를 새롭게 탄생시켜야 한다는 뜻으로 해석해도 좋다.

본디 자유주의는 보수의 핵심 이념이다. 그러나 한국의 보수는 그동안 말로만 자유를 외쳤지, 실상은 자유를 억압하는 국가주의를 내면화해온 이들이 대부분이다.

박정희 전 대통령은 보수주의자인가? 그렇지 않다. 산업화를 일으킨 공적은 높이 평가할 수 있지만, 그는 국가주의자다. 민주적 가치를 수호하며 점진적으로 사회를 발전시켜가는 보수주의자의 범주에 그를 끼워 넣기는 어렵다.

자유주의는 시민의 자유와 거기에서 파생되는 다양성과 개방성, 관용의 가치를 최우선으로 삼는다. 집단보다 개인을, 통제보다 자율을, 획일성보다 다양성을 존중한다. 사회주의와 국가주의 이념이 대중을 획일화하고 통제할 때, 정부로부터 시민의 인권과 권리를 지켜내고 이를 실천할 법과 제도를 만드는 것이 자유주의다.

특히 미래 사회에는 자유의 가치가 더욱 높아질 것이다. 미래에는 창의성과 상상력이 사회 발전의 원동력이 된다. 이를 키우는 것은 개인의 자유와 이를 지탱하는 사회 시스템이다. 모두가 자유롭게 자신의 꿈을 펼치고, 노력한 만큼 보상받을 수 있는 사회를 만드는 것, 그것이 미래지향적 보수주의자가 할 일이다.

나는 이 책을 통해 경제적(시장) 관점에서만 자유를 강조했던 기존 보수 정치의 인습을 깨려고 한다. 그 대신 진보의 전유물인 것처럼 오해되는(한국 사회에서만), 하지만 실제로는 보수의 본질인 '정치·사회적 자유주의'를 보수의 품으로 끌어안으려 한다. 그것이 '리라이트'다.

'정치·사회적 자유주의'는 앞으로 그 의미가 더욱 중요해질 것이다. 미래 역량의 핵심으로 여겨지는 창의성과 융복합 역량, 커뮤니케이션 능력 등은 시민 개개인의 자율성과 개별성을 바탕으로 한다. 그런데 이런 가치의 토양을 키우는 것이 바로 '정치·사회적 자유주의'다. 둘은 서로 뗄 수 없는 관계지만 분단국가라는 한국적 특수성을 감안하여 다소 구분해볼 필요가 있다.

즉, 사회적 자유주의는 언론·출판·집회·결사의 자유로 대표되는 표현의 자유와 시민 개인의 개성이 존중받는 다양성과 다문화의 가치, 위계질서가 엄격하지 않은 수평적 관계, 이를 보장하려는 정부의 노력과 제도적 장치 등을 의미한다.

사회적 자유주의가 보편화된 민주주의 사회에서는 개인의 자유를 구속할 수 있는 법률이나 정책은 존재하면 안 된다. 물론 타인의 자유와 공공의 복리를 침해하는 경우는 예외다. 하지만 소수의 의견이라도 무시당해선 안 되며 여론을 무기 삼아 어느 한쪽의 생각을 강제해서도 안 된다. 오직 자유로운 토론과 수평적인 커뮤니케이션을 통해 모든 일이 결정되고 진행돼야 한다.

정치적 자유주의는 위와 같은 사회·문화적 가치가 정당 체제로 제도화되어 나타나는 것을 의미한다. 예를 들어 어느 한 개인이 사회주의 이념을 지지하는 것과 이를 정당으로 만들어 선거에 출마하는 것은 전혀 다른 이야기다. 또 다른 예로 동성애와 같이 민감한 이슈에 대해 개인이 호불호의 입장을 갖는 것과 공적 정당이 정책과 공약으로 만들어 공표하는 것도 매우 다른 차원이다.

시민 각자가 자신의 생각과 철학을 가지고 사회적으로 그런 생각이 존중받는 토양을 만드는 것이 사회적 자유주의라면, 이런 생각들이 모여 하나의 정치집단을 이루고 선거를 통해 공당이 되는 것은 정치적 자유주의라고 부를 수 있다. 즉, 앞으로 새롭게 태어날 보수는 적어도 사회적 자유주의까지는 포용해야 한다는 것이 나의 생각이다. 지금보다 더욱 폭넓게 시민 각자의 취향과 선택을 존중할 수 있는 개방과 관용의 자세를 가져야 한다는 이야기다.

하지만 여기에는 단계적인 접근이 필요하다. 남북이 평화 무드로 흘러가고는 있지만 한반도는 아직 분단 체제가 끝나지 않았기 때문에 정치적 자유주의와 사회적 자유주의의 확산 속도는 다를 수 있다. 쉽게 말해 유럽에서는 이미 보편화된 사회주의 정당의 이념과 철학이 한국에서 곧바로 용인될 수는 없다는 뜻이다.

궁극적으로 사회적 자유주의는 정치적 자유주의로 확대되어야 한다. 하지만 우선순위가 있다. 위에서 살펴보았듯 기존 보수의 정체성을 깨지 않으면서 점진적으로 자유주의를 확대해 가는 방법은 사회적 자유주의를 먼저 받아들이고 그 이후에 정치적 자유주의를 실현하는 것이다. 이 부분이 바로 책에서 이야기하고자 하는 핵심 메시지다.

이 책을 쓰기까지 많은 분께 신세를 졌다. 특히 보기 드문 개혁적인 정치인 중 한 명인 김세연 의원은 보수 정치의 현실을 이해하는 데 큰 도움을 주었다. 나는 그가 국회에 첫발을 디딘 후부터 지금까지 10년째 교류하며 많은 의견을 나눴다. 특히 지난 몇 달간 책을 집필하며 수시로 토론을 벌였다. 김 의원에게 진심으로 고마운 마음을 전한다.

한국정치학회장인 김의영 서울대 교수는 한국 정치를 체계적으로 이해하고 개념화하는 데 선명한 시각을 제공해줬다. 시민정치의 권위자인 그는 자유주의 보수가 시민 정당으로 새롭게 태어나야 한다는 로드맵을 그리는 데 큰 영감을 불어넣었다. 김 교수에게도 깊은 감사의 말씀을 전한다.

경희대 미래문명원장을 지낸 안병진 교수는 깊은 통찰력으로 보수주의의 이념을 분석하고 새로운 길을 제시하는 데 나침반 역할을 했다. 국제정치의 권위자인 그는 미국과 유럽의 정치 지형을 한국의 현실에 적용하는 과정에서 생긴 여러 궁금증을 해소하는 데 큰 도움을 주었다.

이처럼 김세연 의원과 김의영 교수, 안병진 교수 등 세 분의 혜안이 없었더라면 이 책은 탄생하지 못했을 것이다. 더불어 이름을 밝히긴 어렵지만, 조직 내부의 내밀한 이야기들을 스스럼없이 밝혀준 전·현직 국회의원과 보좌진, 정부 관료 여러분께도 감사의 말씀을 드린다. 그들의 허심탄회한 고백이 없었다면 한국 보수의 민낯을 들여다보기가 매우 어려웠을 것이다.

이 책을 통해 우리 사회의 건강한 시민들이 보수의 본질을 정확히 이해하고, 더 많은 개혁 정치인들이 나오길 기대한다. 이를 통해 무너져버린 한국의 보수가 새롭게 태어나는 데 일조했으면 하는 마음이다.

2018년 7월

윤석만

| 차례 |

2장 한국 보수의 기원

3장 보수 정치의 문제

4장 새로운 보수의 탄생

5장 자유론과 리라이트

6장 리라이트가 해야 할 것

에필로그

보수는 왜 망했나

어느 시대에나 보수와 진보는 존재했다. 물론 그때와 지금의 기준은 전혀 다르지만 14세기 후반 고려에도 보수와 진보로 불리는 세력 간의 논쟁이 있었다. 원나라를 등에 업고 권력과 부를 독차지한 권문세족이 보수의 편에서, 그리고 성리학 이념을 바탕으로 새로운 세상을 꿈꾸는 신진사대부가 진보의 편에서 치열한 대결을 벌였다.

당시 권문세족은 과거科擧가 아닌 음서蔭敍로 벼슬을 대물림하고, 백성들의 토지를 빼앗아 거대한 부를 축적했다. 이들은 권력과 부, 명예를 모두 손에 넣었다. 1492년 조선 문종 때 편찬된 《고려사高麗史》는 권문세족을 아래와 같이 '도둑'으로 묘사했다.

"간악한 도둑들이 백성들의 땅을 빼앗는 경우가 많았다. 그 규모는 한 주州보다 크기도 하고 산과 강을 경계로 삼았다. 남의 땅을 조상에게서 물려받은 땅이라고 우기며 주인을 내쫓았다. 빼앗은 땅의 주인이 대여섯 명이 넘기도 해 각자 세금을 걷어가기도 했다."

권문세족들이 가진 땅은 워낙 넓어 산과 강을 경계로 구분해야 했다. 같은 땅에 여러 명의 주인이 나타나 세금을 걷어가기도 했다. 제때 내지 못하면 억지로 돈을 고리로 꿔가도록 하고, 그래도 갚지 못하면 노비로 만들었다. '송곳 하나 꽂을 땅(입추지지立錐之地)'이 없다는 말도 이때 나왔다. 그러나 권세와 부귀가 영원할 것만 같던 권문세족도 진보 세력인 신진사대부의 등장과 함께 맥없이 무너졌다. 견고한 권력의 탑을 쌓기까지는 수백 년의 세월이 걸렸지만 무너지는 것은 순식간이었다.

왜 그랬을까? 이유는 간단하다. 당시 지도층인 권문세족들은 고려라는 체제 아래서 지켜야 할 것들이 수도 없이 많았다. 수백 년간 촘촘하게 만들어놓은 사회의 온갖 기득권을 포기할 수 없었다. 그런데 이 모든 기득권은 오로지 자신들의 부와 권력을 유지하는 데 쓰였다.

하지만 다수의 백성과 새로운 지식인들은 고려라는 체제 아래서 지킬 것이 별로 없었다. '앙시앵 레짐Ancien Regime, 구제도'에서 '보수保守, 보전하여 지킴'해야 할 가치와 이념이 송곳만큼도 존재하지 않았다는 의미다. 그들이 몸담았던 시대의 보수적 가치와 체제는 오직 다수의 백성을 속박하고 수탈할 뿐이었다.

결국 500년 역사의 고려는 오래된 기와집처럼 대들보부터 썩어들어가 한순간에 무너져버렸다. 맹자의 '역성혁명론'을 토대로 한 진보 이념이 이데올로기 전쟁에서 승리한 것이다. 방법론을 두고 최후의 고려인 정몽주와 최초의 조선인 정도전이 갈등을 벌이기는 했지만, 이들이 추구한 지점은 같았다. 바로 '민본民本'을 가치로 한 새로운 세상의 건설이었다.

국가의 흥망사를 살펴보면 언제나 당대의 집권층이었던 보수세력이 자멸하면서 한 시대가 저문다. 물론 한 나라가 멸망하는 데에는 내부의 동인뿐 아니라 외부적 요인까지 함께 작용하지만, 대개 그 시작은 집권층의 부패와 타락이다.

고려 이전의 삼국시대도 마찬가지였다. 귀족들이 향락과 사치에 빠져들었던 백제는 백성들이 오히려 새로운 나라를 원했다. 백제가 멸망할 때 나라를 위해 제대로 싸웠던 귀족은 계백뿐이었다. 백성들은 계백을 진심으로 존경하고 따랐지만, 백제의 왕과 귀족들을 응원하지는 않았다. 백성들은 집권층을 증오했고, 백제라는 '앙시앵 레짐'을 스스로 버린 것과 마찬가지였다. 한편 고구려도 맹장 연개소문이 죽은 이후 형제들의 부정부패와 반목으로 내부로부터 균열이 생겼다.

이와 달리 삼국을 통일한 신라는 집권층의 노블레스 오블리주Nobless oblige를 강조하는 화랑정신을 통해 나라를 안정적으로 다스리고, 백성들의 삶에 모범이 되도록 노력했다.

이처럼 오랜 역사를 살펴보건대 한 나라의 멸망은 그 시대를 집권했던 보수 세력의 몰락과 함께한다. 핵심 원인은 집권층이 지켜야 할 문화와 체제가 백성들의 그것과 달랐기 때문이다. 즉, 다수의 사람이 지키고 싶어 하는 관습과 유산, 전통이 사라졌을 때 보수는 망한다.

최근의 정치 상황을 두고 많은 이들이 두 명의 전직 대통령인 이명박·박근혜 때문에 보수가 붕괴했다고 이야기한다. 그런데 그것이 사실일까? 두 대통령의 무능과 부정부패가 보수의 몰락에 기름을 부은 효과는 있겠지만 꼭 이들이 아니었어도 어차피 보수는 망할 수밖에 없었다.

왜 그런가. 보수주의자, 특히 보수 정치인이 생각하는 세상과 지금의 현실이 너무도 다르기 때문이다.

현대 사회는 변화의 속도가 빠르고 진폭도 크다. 그 때문에 '보수', 즉 지켜야 할 것이 과거에 비해 많지 않다. 인구 구성이 변했고 시민의 인식과 문화가 달라졌다. 또 4차 혁명에 누구보다 관심이 많은 대한민국의 시민들은 더욱더 빠른 변화를 열망한다.

하지만 보수 정치인들은 여전히 과거의 프레임에 갇혀 있다. 나는 이들이 보수적 성향을 가진 시민들을 기망欺妄하거나 자신의 사리사욕을 채우기 위해 위선을 부렸다고 믿고 싶지는 않다. 이들은 정말 '순수'하게 현실을 직시하지 못하고 있을 뿐이라고 생각한다. 천천히 뜨거워지는 냄비 속에서 서서히 죽어가는 개구리처럼 말이다.

한국의 보수 정치는 지금 당장 무엇을 해야 할지 감도 잡지 못하고 있다. 과반수 의석을 가진 거대 여당으로 9년을 보내고 나니, 야당으로서 어떻게 해야 하는지 앞이 캄캄한 듯하다. 그나마 과거에는 반공주의나 국가보안법 같은 이슈로 색깔론을 펴면 쉽게 진보 정권을 흔들 수 있었다. 그런데 이제는 그런 전략이 통하는 시대가 아니다. 그 때문에 보수 야당은 정부와 여당이 먼저 이슈를 제기하면 그에 대해 딴지를 거는 소극적 공격을 주로 한다. 문제는 이마저도 국민의 응원을 받지 못한다는 것이다. 문재인 대통령의 높은 지지율에 치여 보수 정당은 사사건건 발목만 잡는 집단으로 비친다.

그렇다고 보수 정당 스스로 정국을 주도할 만한 새로운 어젠다agenda를 제시하거나 정책 대안을 내놓을 역량도 없다. 엎친 데 덮친 격으로 보수 성향을 가진 유력한 정치 지망생이나 지식인 들은 보수 정당과 거리를 두기 위해 무척이나 애를 쓰고 있다.

문제는 바로 이 지점이다. 보수 정치가 무엇을 해야 할지도 모르고, 설사 무언가 한다 해도 국민이 곱게 봐주지 않는다. 왜 그럴까. 국민의 눈에는 보수 정치가 자신들의 기득권만을 지키고 싶어 하는 것으로 비치기 때문이다. 마치 고려 말 권문세족을 대하는 것과 비슷하다.

보수란 좋게 말하면 과거의 전통과 유산을 보존하는 것이지만, 나쁘게 말하면 기득권을 지키려는 것으로 보일 수 있다. 그런 상황에서 보수가 주장하는 정치·사회·문화적 체제는 국민의 삶을 더욱 압박하고 피폐하게 만드는 기득권 유지의 수단으로만 비칠 뿐이다. 이런 생각이 사회에 확산되면 결국 권문세족처럼 보수는 몰락할 것이다.

보수가 그저 기득권일 뿐이라면, 보수 정치에는 국민이 함께 지켜나가고 싶은 것이 존재할 수 없다. 자식 세대에 물려주고 싶은 가치와 철학, 이념이 부재한 상황에서 누가 그런 정치집단을 지지하겠는가. 이를 요즘 말로 하면 국민이 함께 공감할 수 있는 콘텐츠가 없다고 할 수 있다.

사실 지금까지 보수 정치인들은 정치·사회·문화의 각 분야에서 개발독재 시대부터 만들어온 촘촘한 거미줄에 기대어 살았다. 그물처럼 엮인 온갖 기득권을 동원해 쉽게 집권할 수 있었다. 진보 정부 10년 후 힘들이지 않고 정권을 탈환한 것도 그동안 엮어놓은 기득권의 그물망이 치밀하고 튼튼했기 때문이다. 그래서 별다른 콘텐츠 없이도 진보의 실패로 인한 반사이익만으로 충분한 재미를 볼 수 있었다.

아울러 세계 유일의 분단국가라는 한국의 특수한 정치 상황은 아이러니하게도 보수파들이 쉽게 집권할 수 있도록 도왔다. 보수 세력은 6·25와 국가주의 시대를 겪은 중장년층의 두려움과 향수를 교묘히 활용해 구시대적 유물인 반공주의를 시시때때로 불러냈다. 대통령 선거 같은 커다란 정치 이벤트에서 발휘되는 색깔론의 파괴력은 그 어떤 정책과 이념보다 강력했다. 굳이 보수 정치가 독자적 콘텐츠를 개발하지 않아도 충분히 기득권을 유지할 수 있었던 이유다.

그러므로 지금까지의 보수 정치는 사실상 국가주의와 권위주의의 다른 이름이었다고 봐도 무방하다. 6·25전쟁이 끝나고 1987년 민주항쟁으로 직접선거를 쟁취하기까지, 한국 사회는 국가가 사회를 지배하는 '한국적 민주주의', 실제로는 국가주의 사회였다. 국가 발전을 위해 시민의 자유는 억압됐고, 심지어 민주주의의 기본인 전 국민의 투표권조차 없었다.

물론 김영삼 정부 탄생 이후 외형적으로 국가주의는 사라졌지만, 그 안에 몸담았던 세력들이 보수 정치라는 외피를 뒤집어쓰고 한국 정치의 주류를 형성했다. 바로 권위주의 세력이다. 이들은 과거와 똑같은 방식, '반공'이라는 색깔론에 더해 신자유주의라는 새로운 무기까지 들고 국가주의 시대에 만들어놓은 사회 각 분야에서 기득권의 그물망을 더욱 촘촘히 엮었다. 하지만 이렇게 그들만의 성이 높이 쌓여가는 사이, 보수 정치는 국민의 생활과 보통의 상식에서 점점 멀어져갔다.

"연탄재 함부로 발로 차지 마라. 너는 누구에게 한 번이라도 뜨거운 사람이었느냐"(안도현, 〈너에게 묻는다〉 중에서, 《외롭고 높고 쓸쓸한》, 문학동네, 1994)라는 시구처럼 정말 서민의 삶에 뜨겁게 다가가본 보수 정치인이 있는지 묻고 싶다. 폐지를 주워 하루하루를 버텨내야 하는 노인들의 삶은 어떤지, 제아무리 월급을 모아도 변변한 집 한 채 장만하기 어려운 30~40대의 고충은 무엇인지 제대로 귀를 기울이지 않았다. 엄청난 스펙을 자랑하면서도 안정된 일자리를 구하지 못해 불안과 절망에 빠진 청년들에겐 훈계조의 조언이나 감상적 위로만 할 뿐 진심으로 공감의 노력을 하지 않았다.

어쩌면 기득권을 가진 보수 정치인의 삶은 일반 국민의 일상과 너무 동떨어져 있었으므로 적나라한 현실을 직시할 기회조차 없었다고 할 수 있다. "요즘 버스비가 70원 아니냐"고 묻던 이명박 정부 시절의 집권 여당 대표나, 제 손으로 우비에 달린 모자조차 쓸 줄 모르던 여당의 '미래 권력'은 서민의 삶을 느껴볼 겨를도, 그럴 이유도 없었을 것이다. 그러나 앞서 말한 것처럼 나는 이들이 정말 '순진해서' 몰랐을 것이라고 믿는다. 알면서도 이를 바꾸려 노력하지 않았다면 그야말로 후대로부터 '간악한 도둑'이란 비판을 면하기 어려울 것이기 때문이다.

앞으로 보수 정치에 근본적 변화가 없다면 보수는 영영 다시 집권하지 못할 수도 있다. 지난 몇 년간 한국 사회는 헬조선, 흙수저, 촛불, 미투로 이어지는 거대한 변화의 흐름을 겪어왔으며 더 이상 국가주의와 권위주의의 향수에 기댄 보수의 재집권은 구조적으로 불가능해졌다.

이전처럼 진보의 실패에 대한 반사이익을 얻겠다는 생각도, 안보 이데올로기를 자극해 색깔론의 재미를 보겠다는 음흉한 속내도 거둬야 한다. '돈이면 최고', '나도 부자가 될 수 있다'는 물신적 믿음을 부추기는 전략도 더 이상 통하지 않는다. 아울러 이번 선거에서 드러났듯 '올드보이'의 귀환은 자멸을 부추길 뿐이다.

그렇다면 앞으로 보수 정치는 무엇을 해야 하는가. 어떻게 해야 무너진 보수를 다시 세우고 국민의 지지를 받을 수 있을까. 그러려면 먼저 기본으로 돌아가야 한다. 즉, 보수의 본질을 고민하는 것에서부터 시작해야 한다.

원래 보수란 말의 뜻은 어떤 가치나 이념, 문화 등을 지킨다는 의미다. 즉 특정한 이념과 철학이라기보다는 어떤 사안을 바라보는 태도와 성향이다. 스스로를 보수라고 생각하는 사람들의 지향점과 가치, 정책 등을 담는 그릇이 보수다. 그러므로 보수란 말 자체에 시대를 뛰어넘는 고정불변의 콘텐츠가 들어 있지는 않다.

보수와 진보의 구분이 처음 시작되었다고 할 수 있는 영국·프랑스에서는 보수주의자들이 절대왕권에 맞서 싸워 시민의 자유를 쟁취하고 공화정을 수립했으며 오늘날과 같은 대의민주주의를 발전시켰다. 하지만 한국에서는 이 역할을 진보가 해왔다. 유럽의 보수와 한국의 보수가 본질적으로 다른 지점이다.

한편 진보도 시대마다 그릇에 담기는 내용물이 달라진다. 미국 남북전쟁 때 노예 해방을 주장한 것은 링컨이 이끄는 공화당이었다. 반대로 당시 민주당의 정치인들이 노예제를 찬성했다고 해서 지금도 그들이 노예제를 지지한다고 믿는 사람은 없다. 시대가 달라지면 보수와 진보의 내용도 변하기 마련이다.

동시대를 살더라도 나라와 문화마다 보수와 진보의 내용은 같지 않다. 유럽의 진보정당인 사회당(프랑스), 노동당(영국), 사회민주주의당(독일) 등이 한국의 더불어민주당을 진보라고 생각할까? 유럽의 좌파 정치인과 지식인이 한국의 현실을 마주한다면, 더불어민주당은 오히려 자유한국당과 함께 보수정당의 범주로 분류될 것이다.

이처럼 보수와 진보는 상대적 개념이고, 그 내용 또한 계속 해서 변한다. 2000년대 초까지만 해도 '신자유주의(정부의 시장 개입을 최소화하는 등 경제적 관점에서 자유를 강조하는 보수 정치의 흐름)'에 영향을 받은 한국의 보수파들은 '큰 정부', '작은 정부' 등으로 진보와 자신을 구분했다.

그러나 이제 어느 정도의 '큰 정부'는 보수·진보를 떠난 모두의 어젠다가 되었다. 실제로 2012년 대선에서 박근혜 후보와 문재인 후보의 선거 공약을 보면 비슷한 부분이 꽤 많다. 특히 복지정책 확대와 경제민주화 등은 내용이 거의 비슷하다. 더 이상 신자유주의의 잣대로 보수와 진보를 구분하는 것은 시대에 맞지 않는다는 이야기다.

결국 보수는 보수대로, 진보는 진보대로 자신의 정체성에 맞는 새로운 콘텐츠를 만들어야 한다. 특히 보수는 자신의 실체부터 냉정하게 깨달아야 한다. 그동안 보수 정치의 그릇에 담겨 있던 것은 반공 시대의 국가주의와 권위주의, 신자유주의 이념의 자본 논리뿐이었다는 것을 말이다.

앞으로 보수가 해야 할 것은 그 그릇에 담긴 썩은 내용물을 깨끗이 비우고 새로운 양질의 콘텐츠를 찾는 일이다. 그 과정은 매우 고통스럽고 힘든 여정일 수 있다. 지금까지의 보수가 사실은 권위주의·국가주의의 유산이었다는 근본적인 자기부정을 하지 않을 수 없기 때문이다. 하지만 새로운 시대는 구

체제에 대한 '창조적 파괴'에서 시작된다. 새로운 보수 역시 과거의 보수를 결연決然하게 넘어서는 것으로부터 시작해야 한다.

물론 한국의 산업화 과정에서 국가주의 세력이 이룩한 공로를 무시할 수는 없다. 이들은 가장 못 살던 나라 중 하나였던 대한민국을 세계 10위권의 경제 대국으로 성장시키는 데 큰 역할을 했다. 근면 성실하고 창의적이며 도전적인 국민정신이 뒷받침됐기에 가능한 일이었지만, 국가 경제를 설계하고 추진력 있게 개발을 진두지휘한 국가주의 엘리트를 부정해서는 안 된다. 그들의 공은 공대로 치하할 일이다. 그러나 과에 대해서는 냉철하게 비판해야 한다. 그래야 앞으로 나아갈 수 있다.

이 책에서는 한국의 보수를 민주화 시대 이후로 형성된 사상과 이념, 문화 등으로 한정해 다루고자 한다. 앞서 살펴본 것처럼 고려와 조선에도 보수와 진보는 있었지만 왕정시대였던 그때와 지금의 보수·진보는 매우 다르다. 민주화 이전의 국가주의 시대도 마찬가지다. 그때는 '국가주의(독재) VS 민주주의'의 시대였다는 점에서 민주 사회의 '보수 VS 진보' 구도는 맞지 않다. 오히려 유신헌법 이후의 1970년대는 왕권에 맞서 자유를 얻기 위해 투쟁했던 부르주아의 시대와 가깝다.

이 같은 논리를 따르면 자연스럽게 민주화 이전과 이후의 집권 세력도 구분된다. 따라서 민주화 이전의 집권층은 국가주의 세력으로 규정하고 흔히 우리가 말하는 보수, 즉 권위주의 세력과 구분해 살펴보고자 한다. 권위주의 세력은 민주화 시대에 보수의 외피를 뒤집어쓰고 사실상 국가주의 이데올로기로 정치를 해온 집단이다.

이 책에서는 이런 개념 정의를 토대로 새로운 보수가 넘어야 할 구태들은 무엇인지 차례로 살펴볼 것이다.

미리 말해두지만, 이 책이 비판하고자 하는 대상은 1980년대 이전까지 산업화의 역군이었던 국가주의 세력이 아니다. 민주화 이후 보수라는 외피를 쓰고 사실상 국가주의 이데올로기에 기대어 정치를 해온 현시대의 권위주의 정치인들에 대한 비판이다.

그다음엔 새로운 보수를 만들기 위해 필요한 조건들을 따져볼 것이다. 이와 함께 개략적인 방법론도 논해보려고 한다. 하지만 박근혜 전 대통령 탄핵 사태 때처럼 당시 새누리당을 벗어나 바른정당을 창당한 것과 같은 방식은 안 된다. 기존의 보수 정당을 해체하고 다시 세우는 한이 있더라도 지금 발을 딛고 서 있는 보수의 한가운데에서부터 시작해야 한다. 그래야 과거에 대한 책임이 생기고 성찰을 통해 미래로 나아갈 수 있다. 즉, 새로운 것을 만들어내는 진보의 개혁 방식과 달리 보수의 '파괴적 창조'는 과거의 폐허 위에서 시작되어야만 한다는 이야기다.

설령 보수 정당 내부에 지켜야 할 이념과 가치, 콘텐츠가 없다 하더라도, 보수 정치를 지지하는 세력과 국민은 함께 이끌고 가야 한다. 그러기 위해서라도 기존의 보수당을 버리고 새로운 보수 정당을 창당하는 일은 분열만 부추기고 실패로 끝날 확률이 높다. 그런 점에서 세계에서 가장 오래된 정당으로 변화에 변화를 거듭하며 지금까지 살아남은 영국의 보수당을 벤치마킹할 필요가 있다. 그리고 이를 위해서는 기존의 보수 정당 안에서 진지를 구축하고 세력을 넓혀가는 방식을 취해야 한다.

어느 한순간 판을 전부 뒤집어엎고 새로운 무언가를 만들어내는 것은 진보의 개혁 방식이다. 보수는 보수에 맞는 점진적 개선을 해야 한다. 보수의 그릇을 채울 새로운 이념과 가치로 끊임없이 지지자들을 설득하고, 치열한 내부 토론을 통해 구시대 정치인들은 스스로 퇴장하도록 해야 한다. 세력 다툼으로 이들을 내쫓거나 공천 학살과 같은 방식으로 찍어내려 해서는 튼튼한 진지를 구축할 수 없다.

마지막으로 이젠 가장 중요한 질문만이 남았다. 새로운 보수가 자신의 그릇 안에 무엇을 담아야 하는가의 문제다. 지금 한국의 보수는 멀고 먼 길을 돌아 다시 출발선 앞에 섰다. 그러므로 보수는 이제라도 보수의 근본이 무엇인지부터 스스로 되물어야 한다. 보수주의의 본질이 무엇인지 말이다.

나는 그 해답을 자유주의라고 생각한다. 경제적인 자유뿐 아니라 정치·사회적 자유, 문화적이고 일상적인 삶에서의 자유까지, 모두를 포함한 자유주의 말이다.

그러나 한국의 보수는 자유주의를 말할 때 경제적 관점, 즉 시장의 입장에서만 자유를 강조한다. 또 국가주의·권위주의 세력들은 '자유민주주의'를 그저 '사회주의 빨갱이'에 대비되는 개념으로만 사용해왔다. 이 책에서는 한국에서 자유주의가 왜 망가졌는지, 특히 한국의 보수는 왜 경제적 자유에만 후하고 정치·사회적 자유엔 인색한지도 따져볼 것이다.

어떻든 이 같은 모든 논란과 오해에도 불구하고 자유주의는 보수의 핵심 가치다. 근대 정치의 역사는 시민의 자유를 확대하는 과정이었고, 그런 정신이 살아 움직이는 정치 체제를 민주주의라 부른다. 그리고 민주주의를 확대하는 과정에서 절대 권력인 군주로부터 자유를 쟁취하는 최전방에는 보수주의자들이 있었다. 따라서 보수주의의 본질을 찾아 올라가다 보면 우리는 필연적으로 시민의 자유는 무엇인가 하는 물음 앞에 서게 된다. 앞으로 한국의 보수가 새롭게 출발해야 할 지점도 이곳이다. 자유에 대한 본질적 고민 없이 새로운 보수는 탄생할 수 없다. 그런 의미에서 '리라이트'는 우리 사회에 많은 화두를 제시할 수 있을 것이라고 기대한다.

이 책을 읽는 새로운 보수주의자들이라면 '보수는 그릇일 뿐, 그 내용물은 달라지기 마련'이라는 전제에 동의할 것이라고 믿는다. 이런 관점을 취하면 한국에서는 다소 진보의 전유물인 것처럼 여겨졌던 가치들에도 전향적인 변화가 필요하다. 예를 들어 국가보안법이 존속되어야 하는가 하는 문제를 생각해보자. 시장과 사유재산에 적용되는 자유는 생각 및 표현의 자유와 다른 것이 아니다. 시장과 사유재산에 적용되는 자유가 따로 있고, 나의 생각과 의견이 존중받아야 하는 자유가 별도로 있는 것이 아니기 때문이다. 따라서 사상과 표현의 자유를 억압하는 국가보안법은 철폐되어야 할 것이다.

끝으로 미래의 보수가 가져야 할 마음가짐에 대해서도 다시 생각해볼 필요가 있다. 자유가 보수라는 식탁에 올라오는 쌀밥과 같은 것이라면, 함께 곁들이는 반찬은 끼니마다 조금씩 다를 수 있다. 즉, 자유주의를 근간으로 하되 시대의 변화에 맞게 새로운 이념과 가치들을 보수의 식탁에 올려야 한다는 이야기다. 보수는 과거의 것을 그대로 '수구'하는 게 아니라 점진적으로 개선하고 변화시키는 것이다. 다만 방향이 좀 더 오른쪽으로 틀어져 있고, 속도 면에서 진보보다 안정적일 뿐이다.

하지만 지금의 사회는 과거 어느 때보다 변화의 속도가 빠르고 진폭도 크다. 결국 보수도 현대 사회의 변화 속도에 맞추려면 좀 더 빨리 움직여야 한다. 과거에 시속 20km의 속도로 차를 운행했다면 이제는 시속 40km로 달려야 한다. 그래야 시속 80km 이상으로 달려나가려는 진보를 견제하며 우리 사회 전체를 시속 60km의 안전 속도로 유지할 수 있다.

이 책은 단순히 기존의 보수 정당과 정치인을 비난하기 위한 책이 아니다. 그렇다고 보수가 제일이라는 보수지상주의적 입장을 갖고 있지도 않다. 민주주의가 발전하기 위해서는 보수와 진보가 균형을 갖춰야 한다는 점에서, 지나치게 허약해진 보수를 되살리려면 어떻게 해야 하는가를 함께 고민하기 위해 이 책을 썼다.

구소련의 붕괴 후 독립한 체코의 초대 대통령 바츨라프 하벨Vaclar Havel은 정치를 "불가능의 예술"이라고 했다. 흔히 정치인들은 '정치의 이상과 현실은 다르다'며 소신과 철학을 굽힌 자신의 행동을 합리화한다. 하지만 하벨은 "정치는 현실적 계산만 따르는 게 아니라 그 한계를 뛰어넘는 '불가능의 예술'이다. 현실의 모순을 '초월'하는 것이 정치의 본질이다"라고 말했다. 정치인들은 권력자의 힘과 유권자의 표 앞에서 계파와 지역의 볼 모가 될 수밖에 없는 상황을 핑계 대지만 이런 불가능한 구조를 뛰어넘어야 진짜 정치라는 의미다.

'현실'이란 이름 뒤에 숨어 문제를 개선하지 않고 잘못된 구조를 깨뜨리지 않는 것은 정치인으로서 책임을 다하지 않는 것이다. 만일 보수 정치인들이 지금의 '앙시앵 레짐'을 깰 용기가 없다면 그들은 국민의 대표로서 자격이 없다.

1장

보수란 무엇인가

보수란 무엇인가

정치란 무엇인가, '세속의 신'

보수란 무엇인가에 답하기 위해 먼저 정치의 정의와 개념부터 살펴보자.

정치에 대한 체계적인 고민은 2400년 전 아리스토텔레스가 쓴 《정치학》에서 처음 출발한다고 볼 수 있다. "인간은 정치(사회)적 동물"이라는 그의 말처럼 모든 사람은 타인과 관계를 맺고 살아간다. 즉, 나 혼자만으로는 나라는 존재가 성립할 수 없다. 우리는 타자에 견주어 자아를 발견하며, 그 관계 속에서 삶의 의미를 찾고 자아실현을 한다. 쉽게 말해 인간은 혼자 살 수 없다는 이야기다.

가정에서 시작해 혈족 단위의 공동체를 이루고, 나아가 하나의 마을을 형성한다. 마을이 더 커지면 지역사회가 되고, 종국엔 하나의 독립국가로 인정받는다. 이런 배경 속에서 사람은 정치 체제라는 것을 만들어 공동체가 지켜야 할 규율과 기준을 제시한다.

궁극적으로 국가는 인간의 복리를 증진시킨다는 '선의'의 목적을 갖는다는 것이 아리스토텔레스 정치철학의 핵심이다. 이 안에서 국가의 목적은 개인의 그것보다 우위에 있다. 왜냐하면 국가가 지닌 선의의 목적은 한 개인에게만 이득이 되는 게 아니라 다수의 많은 이들에게 이롭기 때문이다.

결국 정치는 공동체가 살아가는 데 필요한 최소한의 기준을 만들고, 이를 실현하면서 공공의 복리를 증대시키는 행위이다. 현대적 관점에서 구체적인 설명을 덧붙이면 국민의 권리와 자유를 보장하고, 외부의 침입과 내부의 혼란 같은 갈등과 범죄 행위로부터 국민을 보호하며, 공동체와 각 개인이 행복하게 살 수 있도록 이끌어가는 것이 정치다. 그 과정에서 필연적으로 공동체 내의 조직과 집단, 개인 간의 의견 차이나 이해 충돌이 생긴다. 이를 합리적으로 조정하고 한정된 자원을 합리적으로 배분하는 역할도 정치의 몫이다.

그렇다면 그 역할을 누가 어떻게 펼칠 것인가 하는 문제가 남는다. 이는 곧 정치 체제의 문제로, 어떤 시스템을 취하느냐에 따라 국가와 정부의 형태, 원리 등이 달라진다. 보수와 진보가 무엇인지 알기 위해서는 필연적으로 국가와 정부 형태에 대한 토론이 필요하다. 국가가 어떻게 생겨났고, 정부는 어떤 역할을 해야 하는지에 따라 보수와 진보의 입장이 갈리기 때문이다.

오늘날 국가가 생겨난 이유가 무엇이냐는 질문의 대답은 대개 하나의 이론으로 수렴된다. 바로 '사회계약론'이다. 자연 상태에 뿔뿔이 흩어져 있던 개인들이 자신의 권리를 보장받기 위해 사회적 계약을 맺어 국가를 만들고 그 권한을 위임했다는 이론이다.

이는 앞서 살펴본 아리스토텔레스의 국가관과는 맥락이 조금 다르다. 아리스토텔레스는 국가의 존재 이유가 선의의 목적을 추구하는 데 있다고 했다. 보통 이런 입장을 '목적론적 국가관'이라 부른다. 반면 사회계약론자들은 국가에 그런 숭고한 목적 따위는 없다고 말한다. 국가는 개인의 재산과 권리, 자유를 지키기 위해 불가피하게 만들어진 일종의 필요악이라는 것이다. 이는 목적론적 국가관과 대비하여 '발생론적 국가관'이라 부를 수 있다.

이 국가관을 지녔던 대표적인 사람이 홉스Thomas Hobbes다. 1651년 그가 쓴 《리바이어던》은 국가를 사회계약의 관점에서 본 최초의 이론서다. 그의 사상은 명쾌하다. 국가는 전쟁과 같은 외부의 침략과 위협, 내부에서 벌어지는 범죄와 무질서, 혼란 등을 막기 위해 사람들 사이의 계약을 통해 만들어졌다고 설명한다. 국가는 개인의 생명과 자유, 권리를 보호하기 위해 합법적 폭력을 행사할 수 있는 '세속의 신'이라는 주장이다.

그런데 홉스의 이론 중 현대적 의미로 해석했을 때 문제가 되는 부분이 바로 이 '세속의 신'이라는 관점이다. 홉스의 이론에서 개인은 '신약'을 맺어 국가를 만들었고, 국가는 신성한 권력을 휘두르는 주체이기 때문에 개인은 국가에 절대복종해야 한다. 인간이 만들었다고는 하지만, 국가는 만들어진 순간부터 인간을 떠난 존재다. 국가는 그 스스로 이미 인격을 가진 존재이기에, 국익은 언제나 개인의 이익보다 최상위에 존재한다.

그런데 사실 홉스가 이런 주장을 할 수 있던 배경은 그가 살던 시절이 절대왕권 국가였기 때문이다. 홉스가 왕성하게 활동했던 시대는 조선으로 치면 임진왜란이 끝나고 불과 몇십 년 정도가 지난 시대다. 그가 경험했던 국가 체제는 왕정뿐이었고, 그곳의 통치자는 절대군주인 왕이었다. 그러므로 그의 국가론은 오늘날과 같은 현대 민주주의를 전제로 한 것이 아니라 입헌군주제를 옹호하는 논리에 적합했다.

하지만 홉스의 국가론은 수백 년이 지난 지금도 매우 강력한 설득력을 지닌다. 수년째 계속되는 시리아 내전 상황을 지켜보자. 지금 시리아에서는 정부군과 반란군이 전쟁을 벌여 수백만 명의 시민들이 목숨을 잃거나 난민이 되었다. 또 미국과 러시아 등 강대국들이 서로 반대 진영에 서서 시리아를 체스판 삼아 엄청난 인명을 볼모로 한 도박을 벌이고 있다.

이런 일이 왜 생겼을까. 홉스가 말했던 것과 같은 합법적 폭력인 국가의 물리력이 반군을 제압할 만큼 크지 않았기 때문이다. 35년의 일제강점과 한국전쟁도 마찬가지다. 일제의 식민통치 시기 대한제국은 국가와 그에 속한 국민을 보호할 물리력을 갖고 있지 못했다. 따라서 다른 나라의 침략에 쉽게 무너졌고, 우리 선조들은 수십 년 동안 식민지의 노예처럼 온갖 고통과 수탈을 당해야 했다. 6·25전쟁 때도 한반도 전체가 공산화되었을지도 모르는 위기를 맞았다. 그만큼 국가의 물리력은 중요한 요소다. 그리고 이처럼 홉스가 말한 국가는 인간이 만들었지만 인간의 손을 떠나간 '세속의 신'이라 할 수 있다.

법치주의, 현대 국가의 원형

홉스의 《리바이어던》이 국가의 탄생 이유를 설명했다면 로크John Locke는 국가 권력의 주체가 누구인지를 명확히 했다. 1689년 로크가 쓴 《통치론》은 국가 권력의 주체를 국민으로 설정했다는 점에서 본질적으로 홉스와 다르다. 로크의 국민주권론은 오늘날 민주주의를 정치 체제로 하는 대다수의 나라에서 헌법의 기본 이념으로 삼고 있는 정신이다.

우리 헌법의 1조 1항은 '대한민국은 민주공화국이다'이며, 1조 2항은 '대한민국의 주권은 국민에게 있고, 모든 권력은 국민으로부터 나온다'이다. 제아무리 합법적 폭력을 행사할 수 있는 국가도 주권자인 국민의 의사에 반해 권력을 행사할 수 없다는 것이 우리 헌법의 기본 정신이다.

그래서 나온 것이 저항권이다. 국가가 주권자의 의사에 반할 때 국민은 사회계약을 해지해 국가를 부정할 수 있다는 이야기다. 이는 "물은 배를 띄울 수도 있고, 배를 엎을 수도 있다"라는 맹자의 사상과 일맥상통한다.

로크는 국가가 언제나 옳은 일만 하지는 않는다고 생각했다. 그러므로 국가가 자신의 권력을 행사하기 위해서는 주권자인 국민이 만든 원칙과 기준에 따라야 한다고 설명했는데, 그것이 바로 법치주의다. 이는 절대 권력인 국가의 명령에 모든 인민이 따라야 한다고 했던 홉스와는 다른 입장이다. 홉스의 이론에서는 국가가 '세속의 신'이므로 신민인 인간들은 국가의 철학과 이념을 무조건 지지해야 한다.

좀 더 선명하게 둘을 비교하면 홉스의 입장에서는 국가가 주이고, 국민이 종이다. 반면 로크에겐 국민이 주이고, 국가가 종이다. 국가는 국민을 위해 존재하는 '필요악'이라는 입장이다. 우리가 보통 알고 있는 사회계약론의 핵심을 만든 이가 바로 로크이다. 그리고 이러한 로크의 사상은 앞서 설명한 것처럼 민주국가의 기본 원리가 되고 있다.

국가 권력의 정당성은 국민으로부터 창출되며, 국가 권력을 대리하는 사람들은 주권자인 국민을 위해 정치를 펼쳐야 한다. 권력을 행사할 때는 국민이 합의한 기준인 '법'에 의해서만 모든 행위가 정당화될 수 있다.

그런데 가끔 우리 사회의 지도자, 특히 정치인들은 법치주의를 잘못 해석한다. 법치주의는 법에 따라 국민을 통치하라는 것이 아니라, 국민의 대리인인 정치가가 '법치'에 의해서만 행동을 하라는 의미이다. 즉 법치주의는 권력을 가진 자를 구속하기 위해 존재하는 것이지, 국민을 통치하기 위해 존재하는 것이 아니란 이야기다.

로크의 사회계약론을 발전시켜 완성한 이는 루소Jean Jacques Rousseau다. 루소는 국가와 정권을 구분하여 저항권의 개념을 좀 더 현실에 맞게 다듬었다. 로크에 따르면 국민의 뜻에 맞지 않는 국가는 사회계약의 파기와 함께 소멸해야 옳다. 그러나 그렇게 하기 어려운 것이 현실이며, 또한 이는 엄청난 혼란과 비용을 초래한다.

이런 의미에서 루소는 국가와 이를 운영하는 정권을 따로 떼어내면 혼란이 없을 것이라고 생각했다. 국민의 뜻을 대변하는 정치 세력이 있고, 이들이 각각 경쟁을 벌여 정권을 잡으면 국가의 역할을 하도록 한다는 것이다. 따라서 만일 정권이 잘못된 정치를 펴면, 국가를 전복할 필요 없이 정부만 교체하면 된다. 이러한 루소의 아이디어는 현대 정당 중심의 의회 민주주의를 발전시키는 초석이 됐다.

이와 함께 루소가 현대 국가에 기여한 중요한 지점을 꼽으면 1755년에 쓴 《인간 불평등 기원론》을 살펴볼 수 있다. 이 책에서 루소는 인간 사회의 모든 갈등과 혼란이 불평등에서 기원한다고 주장했다. 특히 경제적 불평등이 공동체를 붕괴의 위험으로 몰아가며, 개인의 행복을 가로막는다고 설명했다.

루소에 따르면 인간은 공동체 생활을 시작한 뒤 한동안은 행복한 시절을 보냈다. 그러나 사유재산이라는 개념이 생기고 잉여가치의 분배가 차별적으로 이뤄지면서 최초의 불평등이 생겨났다. 산업이 발전하면서 불평등은 더욱 심해졌고, 국가는 양극화를 더욱 강화하는 체제로 작용하게 되었다.

루소는 결국 이런 불평등을 없애려면 인간이 사는 사회구조 자체를 개혁해야 한다고 강조했다. 이를 위해서는 불평등을 없애려는 인간의 '선성善性'이 필요하고, 이들이 모였을 때 정의가 생긴다는 것이다.

불평등에 대한 최초의 체계적 사상인 루소의 불평등 이론은 훗날 사회주의 사상가들에게도 많은 영향을 미쳤으며, 100여 년 후 마르크스Karl Marx와 엥겔스Friedrich Engels의 〈공산당 선언〉으로 구체화되었다. 그리고 다시 100년 후에는 불평등 문제의 해결을 국가의 핵심 역할로 보는 오늘날의 복지국가 이념으로 발전했다.

국가는 착취의 도구다

마르크스 이론의 출발점은 앞서 살펴본 루소의 질문과 비슷하다. 불평등은 어떻게 생겼고, 왜 더 심해지고 있는가 하는 것이다.

마르크스의 생각을 따라가려면 먼저 유물론을 알아야 한다. 유물론은 세계의 원리를 물질에서 찾는다. 물질이 먼저 존재하고, 그다음에 정신과 의식 같은 형이상학적인 것들이 있다고 믿는다. 그런 의미에서 형이상학적 관념을 우선하는 관념론과 대비된다. 물질의 세계는 존재 자체로 의미가 있다. 신에 의해 창조된 것이 아니고 원래부터 있던 것이다. 정신과 의식 같은 관념도 물질에 기초해 성립한다고 본다.

그런데 물질의 본성은 늘 변화한다는 것이다. 고정된 상태로 불변하는 물질은 없다. 그 변화의 에너지는 내부에서 나온다. 즉 겉으로는 하나로 통일된 것처럼 보이지만 내부에서는 끊임없이 대립되는 것들 사이에서 투쟁이 일어나고, 이는 변증법적 과정을 통해 새로운 무언가로 변해간다는 이야기다. 이것이 변증법적 유물론이다. 그리고 이를 국가의 생성과 소멸, 역사의 발전 과정에 적용한 것이 사적 유물론史的唯物論이다.

원시 공동체 이후 인간의 모든 사회는 내부의 끊임없는 투쟁을 통해 지금에 이르렀다. 상반되는 두 계급 사이의 투쟁이 역사를 발전시켰다. 국가는 투쟁 과정에서 지배층이 피지배층을 통제하고 착취하는 폭력적 기구였을 뿐이다. 귀족과 노예, 봉건 영주와 농노, 부르주아와 프롤레타리아, 건물주와 세입자 등, 모든 사회엔 착취하는 사람과 착취당하는 사람이 있었다. 이를 나누는 핵심 기준은 생산관계다. 즉 생산수단의 소유 여부에 따라 달라진다. 중세의 지주는 땅을, 산업혁명기 부르주아는 공장을, 현대 건물주는 부동산을 소유하고 있다. 농민과 공장 노동자는 열심히 일해도 먹고 살기 힘들 만큼 적은 보상을 받지만 영주와 부르주아는 가만히 있어도 큰돈을 번다. 월세를 얻어 장사하는 세입자는 1년 365일 하루도 쉬지 않고 열심히 일하지만, 그가 가져간 수익보다 더 많은 돈을 건물주에게 줘야 한다. 이 같은 문제의식이 사적 유물론의 핵심이다.

마르크스는 노동의 가치보다 신성한 것은 없다고 믿었다. 노동을 통해 생산한 가치만이 절대적이라는 주장이다. 하지만 합법적으로 생산수단(땅, 공장, 부동산 등)을 소유한 지배층은 경제활동을 통해 생산된 잉여가치 중 최소한의 몫만 노동자들에게 지급하고, 대부분의 몫을 이윤의 형태로 가져간다. 일하지 않고 더 많은 이윤을 챙겨가는 것은 말이 안 된다는 것이 마르크스 이론의 출발인 셈이다.

결국 이 같은 생산관계를 깰 방법은 혁명뿐이라는 게 마르크스의 생각이었다. "전 세계 노동자들이여 단결하라"라고 〈공산당 선언〉에서 부르짖은 것도 그 때문이다. 그는 프롤레타리아 혁명을 통해서만 착취와 지배의 구조를 전복할 수 있다고 믿었다. 마르크스에게 국가는 국민의 권리를 지키는 수단도, 불평등을 완화시키는 장치도 아닌, 착취와 폭력의 도구였을 뿐이다. 그래서 혁명이 완료된 세상에서는 국가도 사라진다고 보았다. 이를 통해 인간 해방이라는 궁극적 목표를 달성한다는 것이다. 즉, 국가를 전복하는 것은 혁명의 목표가 아니라 인간 해방을 쟁취하기 위한 하나의 방편일 뿐이다.

하지만 마르크스 이론을 따랐던 사회주의 국가에서 인간은 해방되지 않았고, 국가도 없어지지 않았다. 오히려 더 많은 구속과 착취를 당했다. 다만 억압의 주체가 자본가에서 국가로 바뀌었을 뿐이다. 사회주의 혁명을 일으켰던 나라들의 실상은 어찌 보면 마르크스 이론보다는 홉스의 《리바이어던》에 더욱 가까웠다고 봐야 한다.

왜 그럴까. 마르크스 이론은 말 그대로 이론일 뿐이기 때문이다. 그의 사상은 역사의 발전 과정을 대립물의 투쟁으로, 자본주의 모순을 잉여가치의 차등 분배로 설명한 하나의 가설이다. 실제로 마르크스의 〈공산당 선언〉에는 프롤레타리아 혁명을 성공시키기 위해서 구체적으로 무엇을 해야 하는지, 혁명이 성공한 다음에는 어떤 정치와 경제 체제를 갖춰야 하는지 등에 대한 로드맵이 없다.

그러나 그의 이론이 오늘날 완전히 쓸모없어진 것은 아니다. 불평등의 심화에 대한 그의 해석은 현대 사회에도 정확히 들어맞는다. 오죽하면 '조물주 위에 건물주'라는 농담이 전 사회에 퍼져 있겠는가. 그의 이상주의적 이론은 현실에서 실패로 끝났지만 자본주의 사회에 대한 놀라운 통찰은 여전히 많은 것을 시사한다.

보수와 진보의 차이

보수와 진보의 차이는 국가의 존재 이유와 성격을 구분하는 것과 밀접한 관련이 있다. 보수든 진보든 그 자체로 만고불변의 특정 철학과 이념을 갖지는 않는다. 시대에 따라 그 안에 담기는 내용은 얼마든지 달라질 수 있다. 다만 세상을 바라보는 인식, 변화에 대한 방식의 차이가 둘을 구분 짓는다. 사실 단순한 구분처럼 보이지만 현실 정치에 이를 대입하면 매우 큰 차이를 낳는다.

앞서 살펴본 것처럼 정치와 국가의 존재를 설명하는 이론은 다양하다. 그중에서도 국가를 최고의 선으로 본 아리스토텔레스와 인간 해방을 위해 없어져야 할 대상으로 본 마르크스 사이에는 중요한 공통점이 있다. 언뜻 보면 둘은 양극단에 놓인 것처럼 보이지만, 인간과 세상에 대한 인식의 지점에는 같은 부분이 있다. 바로 인간이 세상을 설계하고, 의지에 따라 바꿔갈 수 있다는 믿음이다.

아리스토텔레스는 최고의 선을 실천하는 국가를 이상향으로 제시하고, 그 목적을 이루기 위한 방법을 연구했다. 그리고 그 방법론을 정치학이라고 명명했다. 한편 마르크스는 사적 유물론에 따라 역사 발전 단계를 서술하며, 역사의 최종 종착지를 혁명 이후의 공산주의 사회로 설정했다. 이러한 생각에는 모두 인간이 설계한 그림대로 세상을 만들어갈 수 있다는 굳은 믿음이 내재해 있다.

반면 홉스와 로크의 사회계약론은 인간이 불가피하게 계약을 맺기는 했지만 국가는 필요악이라고 규정했다. 인간이 계약을 맺어 국가를 탄생시켰지만, 계약서에서 손을 놓는 순간 국가는 계약 주체인 인간의 손을 떠난다. 그 이후에는 통제할 수 없는 권력이 돼버리기 때문에, 인간이 할 수 있는 것은 저항권을 사용해 국가를 전복시키거나 그 권력을 법치의 테두리에

묶어두는 것뿐이다. 이처럼 홉스와 로크의 시각에서는 인간의 의지대로 사회를 설계하고 세상을 만들어간다는 것이 불가능해 보인다.

이렇게 역사와 사회를 바라보는 두 가지 관점은 공동체를 어떻게 변화시켜갈 것인가 하는 문제의 해답을 얻는 과정에서 서로 다른 태도를 낳는다. 즉, 한편에서는 인간은 충분히 유토피아를 설계하고 노력을 통해 이를 실천할 수 있다고 믿는다. 또 다른 편에서는 세상은 인간이 그린 설계도대로만 움직이지 않으며, 어떤 개인도 인류의 집단 문화유산인 과거의 전통과 관습을 뛰어넘을 수 없다고 생각한다. 환경의 변화에 따라 인간의 제도 역시 바뀌어야 하겠지만 급진적으로는 이를 바꿀 수 없다는 주장이다.

이러한 두 가지 관점 중 우리는 전자를 진보라 부르고, 후자를 보수라 칭한다. 즉, 보수와 진보는 변화의 속도에 차이가 있을 뿐 아니라 세상을 바라보는 관점까지 다르다. 이 같은 구분을 체계화한 대표적인 사람이 아일랜드 출신의 영국 정치가이자 철학자인 에드먼드 버크Edmund Burke이다.

그는 1790년 발간된 《프랑스 혁명에 관한 성찰》을 통해 혁명 정부와 계몽주의를 비판했으며 그의 이론은 현대 보수주의 사상의 시발점이 되었다.

그의 논지는 명쾌하다. 당시 유럽에서는 인간의 이성과 합리에 근거한 계몽주의가 지식의 주류를 형성했다. 인간 이성에 대한 자신감은 인간의 의지로 역사를 더 나은 방향으로 발전시킬 수 있다는 믿음을 갖게 했다. 그러나 버크는 인간의 이성이 뛰어난 것은 사실이지만 불완전함을 완전히 이겨낼 수는 없기 때문에, 다가올 미래를 완벽히 설계하거나 대처할 수 없다고 생각했다. 그리고 오히려 부실한 설계는 미래를 더욱 혼란과 갈등으로 몰아넣을 수 있다고 지적했다.

실제로 혁명 이후의 프랑스는 유토피아라기보다는 혼란과 갈등이 극심해진 사회의 단면을 보여주었다. 그 때문에 버크는 역사의 발전과 진화는 뛰어난 소수 엘리트의 설계가 아니라 과거에서부터 내려오는 전통과 관습에서 비롯된다는 주장을 펼쳤다. 때로는 극복해야 할 인습으로 여겨질 수도 있지만, 과거의 유산이 오랜 시간 인류 역사에서 전통으로 내려오는 이유는 그만큼 정당성과 효용성을 인정받았기 때문이다. 평소 우리가 식당에 갈 때 블로거들의 호평이 많고 길게 줄이 늘어선 '맛집'을 찾아가는 것과 같은 이치다.

그러므로 버크에게 역사의 진화와 사회의 발전은 과거의 유산을 토대로 한 점진적 개선의 방식으로 이뤄져야 한다. 혁명과 같은 급진적 변화는 오히려 혼란과 갈등을 부추길 뿐이다. 불확실한 미래를 대하는 자세는 실현 가능성이 높지 않은 도전을 행하는 것보다 과거에서부터 현재까지 꾸준히 검증된 전통에 따른 보수적 개혁이 최선의 방법이라고 믿는다. 버크는 소수 엘리트의 뛰어난 이성보다는 다수의 사람들로부터 형성된 문화의 힘을 강조했다고 볼 수 있다.

이는 오늘날 자유주의자의 아버지로 불리는 존 스튜어트 밀John Stuart Mill의 생각과도 비슷하다. 그가 생전에 진보적 입장을 취했다고 해서 현대 사회에서도 그의 사상이 진보 진영의 유물이라고 생각하는 일부 어리석은 이들도 있다. 그러나 그가 비판한 것은 관습에 얽매여 발전 동력이 사라진 19세기 영국 사회의 기득권층이었지, 보수주의 자체가 아니었다.

오히려 그는 현실 정치에서는 안정을 추구하는 정당과 개혁을 주장하는 정당이 모두 있어야 온전한 사회가 될 수 있다고 말한다. 서로 장단점을 지니고 있으므로, 상반된 인식의 틀을 갖고 있더라도 각자 나름대로 존재할 이유가 있다는 뜻이다. 뒤에서 충분히 살펴보겠지만 밀의 사상은 현대 민주주의 이념의 근간으로, 오히려 보수의 정신에 더욱 가깝다.

1859년 출간된 《자유론》은 정치·사회적 자유의 뜻과 필요성을 역설한 자유주의의 교과서라 할 수 있다. 밀 이전까지는 주로 철학의 영역에서 '의식의 자유'가 논의됐고, 한 세기 전의 애덤 스미스Adam Smith는 시장의 관점에서 '경제적 자유'를 논했다. 잘 알려져 있다시피 밀의 《자유론》은 타인을 해치지 않는다는 전제 아래 개인의 자유, 특히 사상과 표현의 자유가 최대한 보장되어야 한다는 이론이다. 다양하고 새로운 생각들이 많이 나와야 사회가 발전할 수 있다고 설명한다.

인간의 능력은 유한하기 때문에 누구도 완전한 진리를 알 수 없고, 완벽한 판단을 내릴 수 없다. 한 사람만의 생각으로는 제아무리 천재라고 하더라도 존 밀턴John Milton이 《아레오파지티카Areopagitica》에서 말했던 '사상의 자유경쟁 시장'에서 만들어진 생각과 이념을 뛰어넘을 수 없다. 그러므로 가능한 한 여러 주장들이 자유롭게 개진되어야 하고, 치열한 토론을 통해 살아남은 주장만이 그 시대의 진리가 될 수 있다. 하지만 이 또한 시대가 바뀌면 진리의 자리를 내줘야 한다. 이는 모든 종교적 교리와 도덕적 윤리, 과학적 이론도 마찬가지다.

그래서 밀은 진리에 이르는 가장 손쉬운 방법은 자유로운 토론이라고 제시한다. 서로 다른 의견이 치열하게 치고받는 과정을 거쳐야 더욱 합리적인 의견에 다다를 수 있다는 것이다. 만일 A라는 주장에 대해 B라는 잘못된 반박이 나온다 하더라도 결국 A는 그 과정을 통해 정당성을 인정받고, 더욱 분명하고 설득력 있는 이론으로 자리 잡게 된다. 따라서 인간의 역사가 발전하면서 점차 논쟁과 의심이 필요 없는 생각이 조금씩 많아지게 된다.

이처럼 더 나은 세상을 만들기 위해서 변화는 필수적이다. 다만 보수와 진보는 그 방법론과 속도에 있어 조금씩 다를 뿐이다. 보수라고 해서 변화를 무조건 거부하는 것은 아니라는 이야기다. 오늘날 한국 사회에는 보수가 곧 '수구'라고 착각하는 이들도 있지만, 이는 잘못된 생각이다.

수구는 현재를 맹목적으로 고수하며 과거로 회귀하려는 것이다. 하지만 보수는 기존의 체제를 유지하며 합리적이고 안정적으로, 또 점진적으로 사회를 발전시키려 한다. 진보와 비교해 세상을 바라보는 인식과 태도에서 차이가 있을 뿐, 보수도 변하지 않으면 살아남을 수 없다.

그러나 현실에서 단순히 태도와 성향만으로 보수와 진보를 구분하기는 어렵다. 누구나 보수적인 면과 진보적인 면의 양쪽을 모두 지니고 있기 때문이다. 그러므로 현실 정치에서는 좀 더 명쾌한 기준이 필요하다. 과거에는 반공주의와 색깔론 등 이념 공세와 그에 대한 반작용의 과정을 통해 양측이 나뉘기도 했다. 하지만 현재 한국에서 보수와 진보의 구분은 주로 경제적 관점에 따라 달라진다. 아주 단순하게 말하면 정부의 시장 개입을 어떻게 바라볼 것이냐 하는 문제에 따라 보수와 진보가 갈린다.

이 틀에서 보면 보수는 시장에 더 많은 자유가 주어져야 하고, 그렇게 하기 위해 가급적 정부가 간섭해서는 안 된다고 보는 입장이다. 또 규제를 없애고 세금을 줄이며 자본가와 기업이 원활하게 사업을 펼 수 있도록 지원해야 한다고 본다. 취임하자마자 '전봇대'를 뽑고 법인세를 줄인 이명박 정부가 대표적인 예다. 반대로 진보의 입장에서는 정부가 더 많은 일에 개입하고 세금을 늘려 복지를 확대하려고 한다. 따라서 노동자의 지지가 높다.

그러나 시장의 관점에서만 보수와 진보를 구분하면 정치의 영역을 경제 프레임에만 한정시키는 우를 범하게 된다. 인간의 삶은 경제 활동이 전부가 아니기 때문이다. 생산과 소득, 분배 등 경제 활동이 삶의 기본이 되긴 하지만, 인간은 단순히 먹고만 사는 존재가 아니다. 그렇기 때문에 시장에 대한 관점을 중심으로 보수와 진보를 나누는 경제환원론은 여러 가지 문제를 초래한다. 대표적인 것이 보수의 핵심 이념인 자유주의의 모순에 빠지는 일이다. 이에 대해서는 '4장 새로운 보수의 탄생'에서 자세히 살펴보겠다.

2장

한국 보수의 기원

한국 보수의 기원

대한민국의 시작과 건국절 논쟁

보수와 진보의 역사 논쟁에서 건국절 논쟁만큼 소모적인 싸움도 없다. 지난 몇 년 동안 대한민국 건국일을 1919년 임시정부 수립일로 볼 것이냐, 1948년 8월 15일 정부 수립일로 볼 것이냐를 놓고 좌우 진영이 나뉘어 치열한 싸움을 벌였다. 김대중 전 대통령 때까지만 해도 이런 논란은 제기되지 않았다.

먼저 불씨를 댕긴 것은 보수 진영이다. 이른바 뉴라이트New Right 계열에서 1948년 8월 15일을 건국절로 보아야 한다는 주장을 제기하면서 논란이 시작됐다. 이를 확대한 것은 이명박 전 대통령이다. 그는 취임 첫해인 2008년 광복절 행사명을 '제63주년 광복절 및 대한민국 건국 60년 경축식'으로 명명했다.

이 전 대통령은 이날 행사에서 “대한민국 건국 60년은 성공의 역사였다”라고 말했다.

반면 비슷한 시기 노무현 전 대통령은 “국가는 광복 이전부터 영속적으로 존재해온 것인데, 정부를 수립한 날을 왜 건국이라고 해야 하는지 문제 제기가 있을 것”이라고 맞섰다. 아울러 독립운동 관련 단체와 야당, 진보 시민단체 등이 반발하면서 이 문제는 보수와 진보 진영 간의 건국절 전쟁으로 비화했다.

논란이 잠잠해지는가 싶더니 몇 년 후인 2015년, 다시 불씨가 커졌다. 2014년까지는 1948년 8월 15일을 ‘정부 수립’이라고 표현했던 박근혜 전 대통령이 2015년부터는 광복절 경축사에서 ‘건국’이라고 말하기 시작했다. 2015년은 역사 국정교과서를 본격적으로 추진한 해이기도 하다. 1년 뒤 공개된 국정교과서에서도 ‘정부 수립’이란 표현을 빼고 ‘대한민국 수립’이라고 명시했다. 건국절 담론을 그대로 계승한 셈이었다.

지나고 보니 이 논쟁이 얼마나 쓸데없는 것이었는가 싶다. 도대체 이 싸움에서 얻는 이익은 무엇이고, 최종 승자는 누구로 남았는가. 결론부터 말하면 보수와 진보 모두 얻은 것이 없다. 대다수 국민의 삶과는 무관한 이슈로 양쪽 진영은 서로의 에너지만 낭비한 채 끝났다. 그렇다면 왜 이들은 국민의 삶과는 무관한 건국절 논쟁을 그토록 치열하게 벌였는가. 유치해 보이기까지 하는 논란에 양측이 기를 쓰고 달려들어 진영 싸움을 벌인 이유는 뭘까.

나는 건국절 논란을 정치적으로 이용하려 했던 것은 보수와 진보 모두 똑같다고 생각한다. 문제는 보수가 제기했지만 진보 역시 누가 먼저라고 할 것도 없이 자신의 주장에 맞는 논거들을 모아 공격을 했다. 양측의 주장을 찬찬히 들어보면 관점에 따라 1919년 건국으로 볼 수도 있고, 1948년 건국으로 볼 수도 있다. 각각 일리 있는 이야기들이다. 만일 서로가 열린 마음으로 허심탄회하게 대화했더라면 상대의 주장에 충분히 공감했을지도 모른다. 그러나 이들은 마치 선과 악의 싸움을 하듯 건곤일척乾坤一擲의 싸움을 벌였다.

역사를 하나의 단편적인 사실이 아니라 시대적 맥락과 흐름으로 생각한다면 1919년부터 1948년까지의 시기 전체를 건국의 과정으로 볼 수 있다. 젊은 연인들이 '오늘부터 1일이야' 하고 교제를 시작하듯 건국일을 정확히 못 박을 순 없는 노릇이다. 실제로 초대 대통령 이승만이나 임시정부 주석 김구도 건국 시점을 특정한 적이 없다.

영국과 프랑스, 미국, 일본도 '건국절'이라는 명칭의 기념일은 없다. 미국은 영국에서 독립한 날을 독립기념일로 기념하고 프랑스는 프랑스 혁명의 발단이 된 바스티유 감독 습격일을 기념한다. 이들이 어느 특정한 날을 건국일로 보지 않는 것은 역사의 지속성과 정통성, 통합성을 스스로 부정하는 모순에 빠지지 않기 위해서다. 마치 1948년을 건국으로 생각하면 임시정부의 정통성이 훼손되는 것처럼 말이다. 굳이 우리의 건국일을 한 날짜로 꼽아야 한다면 5000년 유구한 역사를 자랑하는 국민답게 개천절을 건국일로 봐야 옳지 않을까.

그럼에도 보수와 진보 정치인들이 치열하게 건국절 논쟁을 벌인 이유는 한국 정치가 아직도 구태를 벗지 못했기 때문이다. 이념 공세로 내 편과 네 편을 갈라 자기 진영을 결집하려는 시도는 보수와 진보 모두의 노림수였다. 건국일이 1919년이든, 1948년이든 일상을 살아가는 시민의 삶에 큰 변화가 생기는 것은 아니다.

결국 건국절 논란은 다수 국민의 생활 정치와는 관계없는 이슈로 시간만 낭비했을 뿐이다. 이는 시민들을 정치로부터 더욱 멀어지게 하는 소수 엘리트 중심 정치의 대표적인 사례다.

다수 시민의 생활이 정치 이슈에서 멀어져갈 때 소수 정치인의 전횡은 더욱 심해진다. 대중을 소외시키고 그들만의 리그를 만들려고 했던 것은 보수와 진보가 크게 다르지 않다. 이처럼 정치가 '그들만의 리그'로 흐를 경우 시민들은 정치가 소모적이고 쓸데없다는 생각을 갖게 된다. 정치의 이념과 철학, 가치를 논하는 것은 무의미하며, 권력 투쟁과 이권을 지키는 것만이 정치의 본질이라고 믿게 된다. 결국 정치를 부정하고 참여를 포기하는 수순으로 나아간다. 이런 현상이 계속해서 확산

되면 공적 이슈에 건강하게 참여하는 시민사회를 무너뜨리게 되고, 정치 엘리트의 전횡만 더욱 커지게 된다.

한편 건국절 논란은 다수의 국민에게 쓸데없는 것이었지만, 일부 보수 사상가들의 입장에는 매우 중요한 문제였다는 점은 짚고 넘어갈 필요가 있다. 과연 이들은 왜 건국절 논쟁을 제기했던 것일까. 다음 장에서 건국절 담론을 중심으로 한국 보수의 기원을 살펴보자.

한국 보수의 기원

보수 정치의 뿌리를 찾는 것은 쉬운 일이 아니다. 특히 대한민국은 35년의 일제강점과 한국전쟁을 겪으며 지키고 보존해야 할 보수의 가치들이 깡그리 무너진 상태로 출발했다. 폐허가 된 동산 위에서 과거의 유산과 전통을 찾는 작업은 매우 어렵다. 그런 고민 끝에 신자유주의를 신봉하는 보수주의 사상가와 정치가가 만들어낸 것이 건국절 담론이다. 하지만 결론부터 말하면, 이런 방식으로 보수의 기원을 찾으려는 시도는 잘못됐다.

앞서 설명한 것처럼 보수에겐 자신들이 지키고 보존해야 할 대한민국의 전통과 그 기원을 찾는 문제가 매우 중요하다. 과거보다 내일을 먼저 생각하는 진보와 달리 보수는 뿌리에 중요하게 의미를 두기 때문이다. 보수는 지나간 시대의 유산과 문화에서 오늘과 내일의 해법을 찾는다. 그러므로 진보에 비해 건국에 대한 고민이 클 수밖에 없다.

하지만 보수의 입장에서 1919년의 임시정부 수립을 건국으로 생각하면 한 가지 모순이 생긴다. 식민지 조선에서 일제에 부역했던 친일파를 어떻게 대할 것이냐 하는 문제다. 1919년 건국의 관점에서 본다면 당시의 친일파는 모두 반역자에 해당한다. 그러나 이들을 모두 반역자로 몰고 부정하는 것은 간단치 않은 일이다. 전부는 아니겠지만 친일 인사의 상당수는 해방 이후의 공간에서 다시 정치·사회·경제 엘리트로 부상했다. 이들이 주축이 되어 대한민국의 기틀을 다졌고 산업화를 이끌며 현재 보수주의 세력의 가장 큰 토대가 됐다. 그러므로 과거의 것을 유지하고 지켜야 할 보수의 입장에서는 건국의 시점을 언제로 볼 것인가 하는 문제가 간단치 않다.

그런데 일제 강점기를 대한민국의 컬러풀한 역사가 아니라, 흑백 사진과 같은 건국 이전의 과거로 치부해버리면 모든 논리가 깔끔해진다. 역사적 흐름의 관점이 아닌, 현대와 연결되는 지점이 없는 단절된 과거로만 생각한다는 이야기다. 조선에서 대한제국까지는 하나의 흐름으로 이어진 역사였지만, 그로부터 다시 대한민국에 이르기까지는 35년(일제강점)의 역사적 단절이 있었다. 보수의 입장에서는 그 기간을 도려내야만 정통성 있는 대한민국이 출범할 수 있다고 생각한다.

물론 이 같은 문제는 한국에만 있는 게 아니다. 식민지를 경험한 다수의 국가가 독립 후 이런 혼란과 갈등을 겪었다. 하지만 다른 나라와 달리 우리 사회에서는 아직도 이 논란이 계속되고 있다. 아마도 이것은 광복 후 해방공간에서 친일 문제를 역사적으로 단죄할 만한 충분한 시간을 갖지 못했기 때문이 아닐까 생각된다.

독립 후 남과 북이 서로 갈라져 단독정부를 세우고, 얼마 지나지 않아 전쟁이 터졌다. 이후엔 휴전 후 국가를 재건하는 문제가, 그다음엔 산업화가 온 국민의 주요 이슈였다. 국민에겐 '뭉쳐야 잘 산다'는 생각이 주입됐고 다른 목소리를 내는 것은 마치 종교의 이단처럼 여겨졌다. '잘살아보세'만이 유일한 교리였던 시절이다. 그러므로 일제 치하에서 엘리트로 활동했던 친일 인사들이 대한민국을 장악하기는 매우 쉬웠을 것이다. 그들은 독립운동을 했던 이들보다 더 풍요롭고 좋은 환경에서 살며 근대식 교육을 받았다.

한편 최고 권력자의 입장에서는 일제가 만들어놓은 사회·정치 시스템에서 중요한 역할을 담당했던 사람들을 그대로 데려다 쓰는 것이 효율적이었을 것이다. 자의든 타의든 이런 조치는 외부인에게는 용서와 화해, 타협으로도 비칠 수 있었다.

결국 건국절 담론의 핵심은 35년 일제강점의 역사를 지움으로써 한국전쟁 이후 산업화를 이룩했던 이들, 특히 친일파들에게 면죄부를 주려는 데 있다. 이는 안 좋은 기억은 잊고 좋은 기억만 간직하려는 우리 인간의 본성과도 일치한다. 세상 모든 일엔 공과가 있는데, 우리가 이 정도로 살 만해졌으면 과보다는 공을 먼저 생각해야 하는 것 아니냐 하는 논리와 같다.

결은 조금 다르지만 이런 생각이 심해지면 식민지 근대화론 같은 주장도 나온다. 식민지 치하에서 우리가 고통받고 신음한 것은 맞지만, 그 이면엔 우리에게 도움이 된 것도 많다는 주장이다. 모든 사회는 과거에 이룩해놓은 전통과 유산 위에서 비롯된다. 그런 관점에서 보면 일제가 한반도에 닦은 근대화의 기틀도 완전히 무시할 수는 없다. 물론 그들이 빼앗아간 것이 우리에게 준 것보다 훨씬 많지만, 그렇다고 일제의 유산 자체를 부정하긴 힘들다.

물론 그 어떤 명분으로도 국가의 독립성을 해치거나 제국주의적 침략을 정당화할 수는 없다. 그런 관점에서 우리는 일제의 유산을 대한민국이 계승해야 할 전통이라고 생각지 않는다. 보수 진영 안에서 일부 식민지 근대화론을 펴는 사람들도 있지만, 이들은 이런 역사적 정의의 관점을 무시한 채 산업화를 통한 미시적 근대화 프레임에 사로잡혀 역사를 아전인수

하는 것에 불과하다. 결국 1919년부터 1948년까지의 전 기간이 대한민국의 건국 과정이었다고 보는 편이 합리적이다.

여기서 다시 처음의 질문으로 돌아가보자. 그렇다면 한국 보수의 기원은 언제인가. 시기적으로 구분한다면 한국전쟁 이후 국가주의 세력이 한국 보수의 모태라고 볼 수 있다.

먼저 보수의 기원 시기로 한국전쟁 이후를 설정한 이유는 해방공간의 한반도에서는 계승해야 할 전통과 유산이 무엇인지조차 구분하기 어려웠고, 전쟁 기간에는 생존이 유일한 문제였기 때문에 보수의 정체성을 생각할 겨를도 없었기 때문이다. 그러므로 전쟁 이후 자유당 정권과 박정희 정권이 대한민국 보수의 태동이라고 볼 수 있다.

뒤에서 다시 설명하겠지만 엄밀히 말해 이때의 집권 세력을 제대로 된 보수주의자라고 부르긴 어렵다. 보수의 태동·기원 정도가 적당한 표현이다. 왜냐하면 이때는 아직 국가주의 시대였기 때문에 민주주의 제도 아래 보수·진보와 같은 이념적 구분을 하는 것이 불가능하다. 물론 형식적으로는 민주주의를 정치 체제로, 자본주의를 경제 체제로 채택하고 있었지만 말이다. 하지만 그 시절의 국가는 홉스가 말했던 '리바이어던'이었고 최고지도자는 '세속의 신'을 대리하는 사제였다. 국가의 목표는 늘 개인의 권리에 앞섰고, 국가의 명령이 개인에겐 복음과도 같았다. 국가가 곧 종교였던 시절이다.

당시 집권층이었던 국가주의 세력은 개발독재를 통해 산업화를 성공시켰다. 우리는 '한강의 기적'이라 불리는 높은 물질적 성취를 이뤘지만, 그 화려한 성공 이면의 어두운 면들을 제대로 살펴보지 못했다. 그러나 근대화·산업화·민주화라는 세 가지 목표를 달성한 전후 30여 년의 시간은 대한민국 국민으로서 자부심을 높여왔던 시기였다. 그리고 국가의 발전과 인생의 과정을 함께해온 지금의 장년 세대는 현재 보수 정치의 흔들리지 않는 버팀목이 되고 있다.

하지만 여기서 명심해야 할 것이 하나 있다. 개발독재 시대의 국가주의 세력이 보수의 기원인 것은 맞지만 이들 자체가 보수주의자였던 것은 아니란 점이다. 앞서 이야기한 것처럼 이 책에서의 보수는 민주주의의 형식과 내용이 안착된 이후를 전제한다. 현대 사회에서 보수와 진보가 작동하는 정치 공간은 민주주의라는 체제이기 때문이다. 그러므로 민주주의 바깥에 있는 국가주의 세력을 보수로 편입하여 생각해선 안 된다. 전략적으로도 국가주의와 분리해야만 새롭게 태어나야 할 보수주의가 반공·독재라는 시대의 그늘로부터 자유로울 수 있다.

이렇게 생각해보면 1980년대 중반까지의 정치 프레임은 '국가주의 vs 민주주의(자유주의)'였다고 보는 것이 맞다. 국가주의, 개발독재 시대에는 민주주의가 뿌리를 내리지 못했으므로 지금과 같은 기준으로 그 시대를 보수와 진보로 구분하기는 어렵다. 고려·조선 시대의 보수와 진보를 현재에 그대로 대입해 살펴볼 수 없는 것과 비슷한 이치다.

보수 정치의 실체

그렇다면 오늘날 우리가 보수라고 믿고 있는 보수 정치의 실체는 무엇일까. 나는 이를 과거의 국가주의와 구분해 권위주의라고 부른다. 그리고 권위주의 세력이 등장하면서부터 보수와 진보라는 구도가 선명하게 만들어졌다. 물론 그 안에는 지역주의와 반공주의가 짙게 배어 있었다.

권위주의 정치 집단을 시기적으로 살펴보면 김영삼 정부 출범 전후를 출발점으로 볼 수 있다. 민주화 운동의 열기가 수그러들고 민주주의가 제도로서 정착되면서 지금과 같은 모습의 보수와 진보가 태동했다. 그런데 이때 형성된 보수에는 민주화 세력만이 아니라 다수의 국가주의 세력이 편입되었다. 그러면서 자연스럽게 보수라는 이름을 뒤집어쓴 권위주의 세력이 형성됐다.

한국 정치에서 민주화 운동을 이끌었던 세력은 크게 김영삼과 김대중, 두 인물을 중심으로 나뉜다. 민주화 세력은 이들을 중심으로 국가주의 세력과 맞서 싸웠고, 1987년 국민 직선 개헌을 이끌어냈다. 그러나 이때는 여전히 국가주의 이데올로기가 강했고 민주 세력이 분열돼, 또다시 군부를 등에 업은 국가주의 세력이 집권에 성공했다. 1987년 13대 대선에서 노태우가 36.6%로 당선된 것이다. 김영삼·김대중은 각각 28%, 27%를 얻었다.

만일 두 사람이 분열되지 않았다면 민주적인 새로운 정권은 더 빨리 출범했을 것이다. 그러나 집권한 뒤에도 국가주의 세력은 거센 민주화의 물결과 함께 그 힘을 잃어가기 시작했다. 그대로라면 다음 대선(1992년)에선 내부 분열이라는 큰 변수만 없다면 민주 진영이 쉽게 정권을 탈환할 것처럼 보였다. 하지만 1990년, 또다시 민주 진영에 금이 갔다. 바로 3당 합당이다. 당시 여당인 노태우의 민주정의당과 김영삼의 통일민주당, 김종필의 신민주공화당이 힘을 합쳤다. 그 과정에서 자연스럽게 국가주의 세력과 김영삼 중심의 민주화 세력이 '보수'라는 한 울타리 안에서 융화되기 시작했다. 이것이 바로 권위주의 세력이 탄생하게 된 배경이다.

1987년 민주화에 성공한 대한민국 국민은 1992년 대선에 큰 기대를 걸었다. 1992년 대선은 역대 가장 높은 투표율(81.9%)을 기록하며 새로운 정치에 대한 국민의 열망이 얼마나 강한지 보여주었다. 결과는 3당 합당으로 당시 여권이던 국가주의 세력을 흡수한 김영삼(42%)의 승리였다. 민주화 운동의 적통을 주장해온 김대중(33.8%)은 김영삼 정부 출범과 함께 정계를 은퇴하고 영국으로 도피해 6개월을 머물렀다. 그리고 1995년 지방선거 후 정계에 복귀해 1997년 대선에서 승리했다.

이처럼 오늘날 우리가 알고 있는 보수 정당과 진보 정당의 구분은 1990년의 3당 합당이 분수령이었다고 볼 수 있다. 그리고 그때 김영삼의 보수 민주화 진영으로 편입된 국가주의 이데올로기는 반공주의를 내세워 '악화가 양화를 구축하듯' 보수의 핵심 이념이 되었고, 권위주의 세력의 힘을 키웠다. 실제로 1997년 대선에서도 핵심 쟁점은 김대중이 '빨갱이'인가 아닌가 하는 점이었다. 색깔론은 원래 국가주의 세력이 휘둘렀던 가장 큰 무기다. 1971년 대선에서 박정희와 대결할 때도 색깔론에 당했던 김대중은 26년이 지난 후에도 여전히 '빨갱이'라는 공격을 받아야 했다. 그리고 이 전략은 매우 막강했다.

1997년 대선에서 대통령으로 당선된 김대중은 불과 40.3%를 득표하는 데 그쳤다. 당시 김대중이 김종필과 손을 잡지 않았더라면, 또 보수가 이회창(38.7%)과 이인제(19.2%)로 분열되지 않았다면 진보 정부의 집권은 불가능했을 것이다.

이처럼 민주주의가 제도로 정착된 시기에도 국가주의 이데올로기는 권위주의 세력들의 주요 무기로 쓰이며 선거 때마다 엄청난 파괴력을 보였다. 이들은 지금까지도 보수라는 이름 뒤에 숨어 '북풍', '종북' 등의 프레임을 만들며 진보를 흔들고 있다.

결국 신한국당에서 한나라당, 새누리당, 자유한국당으로 이어지는 한국의 보수 정당은 민주화 이후 보수라는 이름을 달았지만 사실은 권위주의 세력이라고 볼 수 있다. 그렇기에 지금의 자유한국당을 미국과 영국 같은 나라의 보수 정당과 직접 비교하는 것은 옳지 않다. 가장 단적인 예로 영국에서는 보수가 민주화 운동의 장본인이었다는 점만 봐도 그렇다. 그들은 절대왕권으로부터 시민의 권리를 인정받기 위해 투쟁하는 과정에서 지금과 같은 민주주의를 발전시켰다. 하지만 우리는 민주화를 위해 헌신했던 세력과 국가주의로 개발독재를 했던 세력이 한데 뭉쳐 새로운 권위주의 세력을 만들었고, 이들이 지금까지 한국 보수의 주류로 지내왔다. 그러므로 앞으로 새로운 보수를 건설하는 과업의 시작점은 보수의 외피를 뒤집어쓴 권위주의의 가면을 벗겨내는 일이다.

그런데 이 문제 역시 간단치 않다. 구태인 권위주의 정치인을 솎아내는 것은 상대적으로 쉬울지 모르지만, 과거를 향수하는 지지자, 즉 보수층을 바꾸기는 어렵기 때문이다.

보수에는 보수 정치인만 존재하는 것이 아니다. 보수 정치의 이념과 사상을 만들어내는 보수 지식인과 언론, 그리고 이들의 생각에 공감하고 지지하는 보수 대중이 있다. 우리가 흔히 범하는 오류 중 하나가 보수 정치인과 보수 대중을 동일시하는 것인데, 이들은 본질적으로 다르다. 그렇기에 우리가 보수의 겉모습을 하고 있는 권위주의 시대 정치인을 배제하더라도 보수 대중까지 부정하려 해선 안 된다. 그리고 이를 위해서는 보수 대중의 성격과 본질에 대해서 알아야 할 것이다. 다음 장에서는 보수 대중, 특히 장년층으로 대표되는 산업화 세대의 특징에 대해 살펴보고, 이들을 바라보는 청년층의 인식을 알아보고자 한다.

보수에 대한 상반된 인식 ① 〈국제시장〉

영화 〈국제시장〉의 주인공 덕수(황정민)는 맨몸으로 한국의 현대사를 살아낸 인물이다. 1950년 12월, 열두 살 덕수는 온 가족과 함께 피난길에 오른다. 아버지는 남동생을, 어머니는 막내 여동생을 안고, 덕수는 동생 막순이의 손을 잡고 피난을 떠난다. 그러나 이들의 머리 위로 전투기 수십 대가 지나가며 폭탄을 떨어뜨리고, 결국 피난민들은 짐도 내팽개친 채 흥남부두로 모여들었다.

몰려든 피난민을 보고 미군 대장은 무기를 모두 바다에 빠트리고 대신 사람들을 배 위에 태웠다. 그런데 막순이를 등에 업고 배에 오르던 덕수의 손이 미끄러지며 동생을 놓치게 되었고, 막순이를 찾으러 간 아버지는 끝내 돌아오지 않았다. 결국 덕수는 이후 집안의 가장이 되어 가족들을 먹여 살려야 했다. 부산 국제시장에 터를 잡은 덕수는 살기 위해, 가족을 지키기 위해 무엇이든 했다. 서울대에 입학한 동생의 등록금을 마련하기 위해 독일로 가 광부가 됐고, 여동생을 결혼시키려 월남에 가 돈을 벌기도 했다.

그런 덕수를 보며 아내는 말한다.

"이젠 남이 아니라 당신을 위해서 살아보라고요. 당신의 인생인데 왜 그 안에 당신은 없냐고요."

하지만 덕수에겐 가족을 위해 사는 게 자신의 인생이었다. 흥남부두를 떠나던 배 위에서 아버지가 했던 그 말이 덕수에게는 삶의 진리처럼 여겨졌기 때문이다.

"가장은 무슨 일이 있어도 가족이 먼저다. 이제부턴 네가 가장이다. 가족들 잘 지키라."

영화 마지막 장면에서 덕수는 먼바다를 바라보며 아내에게 말한다. 자신의 꿈은 선장이었다고. 누구나 못 이룬 꿈 하나씩은 있다고. 그리고 덕수는 독백으로 영화를 끝맺는다.

"힘든 세월에 태어나가 힘든 세상 풍파를 우리 자식이 아이라 우리가 겪은 기 참 다행이라. 그 망할 놈의 6·25를 우리 도주가 겪었다고, 서독 그 지옥 같은 갱도에 우리 도주가 들어가 있었다고, 월남 그 전쟁 통에 우리 아이들이 돈 벌러 들어와 있다고. 그게 도주가 아이라 나인 게 얼마나 다행인가. 우리가 겪어온 그 아픔들이 모두 일어나지 않았으면 참 좋았을 긴데, 벌써 일어난 일이다. 그냥 내랑 도주 엄마가 겪어버린 게 참 다행 아닌가 싶다."

이 영화를 본 관객은 총 1425만 명. 〈명량〉, 〈신과 함께〉에 이어 역대 관객 수 3위를 기록하고 있다. 사람들이 흔히 좋아하는 액션이나 코미디 영화가 아닌데도 엄청난 관객이 몰렸다. 이 영화가 대중, 특히 중장년층에게 소구할 수 있었던 이유는 뭘까. 항간에서는 〈국제시장〉이 과거 국가주의 시대를 '추억팔이' 하는 영화라고 비판한다. 박근혜 전 대통령이 관람했던 것을 두고 정치적 이미지를 덧씌워 분탕질하는 사람들도 있다. 그러나 그것은 모두 틀린 지적이다. 장년 세대가 이 영화에 몰입할 수 있던 것은 박정희를 그리워해서도, 그 시대를 좋아해서도 아니다. 영화에서 덕수의 이야기가, 전쟁 후 산업화를 이뤘던 그 시절이 그저 자신의 인생과 닮았기 때문이다. 한마디로 말한다면 대한민국의 역사와 자기 인생의 동일시다.

광복과 한국전쟁 전후로 태어난 세대는 한국 현대사의 모든 아픔과 시련을 덕수처럼 맨몸으로 겪었다. 모두가 헐벗고 가난했으며 전쟁 통에 죽다 살아난 이들도 있었다. 삶의 대부분을 격변의 시대를 헤치며 살아야 했던 장년층은 무엇 하나 원하는 대로 해본 적이 없다. 선장이 꿈이었다는 덕수의 말처럼 이들에겐 자기의 꿈을 실현하기 위한 일은 모두 사치처럼 여겨졌을 것이다. 좋아하는 것보다는 해야만 하는 것을, 자신보다는 가족을 먼저 생각했기 때문이다. 즉, 〈국제시장〉이 장년층과 공감할 수 있던 지점은 가족주의다. 이를 박정희 정권 미화와 같은 국가주의의 부활로 보는 데는 무리가 있다.

영화는 오히려 무력한 국가를 비판한다. 국민은 살기 위해 온갖 몸부림을 친다. 그러나 국가는 국민을 보호해주지 않으며 오히려 사지로 내몬다. 덕수 역시 국가가 그의 인생에 도움을 준 것은 하나도 없다고 말한다. 영화는 국가주의가 아니라 그 힘든 시대를 오직 개인의 힘으로 견뎌온 국민을 칭송하고 있을 뿐이다.

지금의 장년층이 보수를 지지하는 입장도 이와 다르지 않다. 그들 역시 국가주의 시대에 정부의 통제와 억압을 비판했던 이들이다. 그들에게도 청춘이 있었고 그 시대의 기준으로 본다면 그들 또한 진보적이었을 것이다. 그런데 왜 이들은 지금 보수가 됐는가. 특히 '태극기'로 대표되는 수구 현상은 어떻게 설명할 것인가. 이들은 정말 박정희를 그리워하고, 그 시대의 정치 체제와 이데올로기를 현대로 소환해내고 싶은 것일까.

그것은 아니라고 본다. 장년층에게 보수는 힘든 시대를 살아왔던 자신에 대한 격려이고 응원이다. 본인이 국가주의의 이데올로기를 맹신하는 것은 아니지만 그 시대를 비판하는 것은 마치 자신이 살아온 인생을 부정하는 것처럼 들린다. 그토록 힘들어도 버티고 아껴가며 자식들 모두 잘 키워놨는데 존경은 받지 못할지언정 오히려 구태로 몰리고 있는 현실을 받아들이기 힘든 것뿐이다. 이들은 국가주의라는 괴물에 향수를 느끼는 것이 아니라, 자신을 희생해 가족을 먹여 살렸던 그 시절의 청춘을 그리워할 뿐이다.

결국 새로운 보수가 이들을 껴안는 방법은 장년층이 걸어온 인생의 역사가 사회적으로 인정받을 수 있는 문화를 만드는 일이다. 누차 말하지만 보수는 과거로부터 이어져 내려온 전통과 유산을 존중한다. 장년층에게 배울 것은 수없이 많다. 그들이 산업화 시대의 사람들이라고 해서 그들 전체를 국가주의 세력과 동일시하여 매도하는 지금과 같은 분위기를 극복하지 않으면 새로운 보수는 태어나기 어렵다. 무엇보다 감정의 깊은 곳을 건드려 장년층을 선동하고 정치 세력화에 이용하는 구태 정치인부터 솎아낼 수 있어야 한다. 이 작업은 길고 지난하겠지만, 반드시 겪고 지나가야만 하는 일이다.

보수에 대한 상반된 인식 ② 〈내부자들〉

앞에서 영화 〈국제시장〉을 통해 장년층이 생각하는 보수에 대한 입장을 살펴봤다. 그렇다면 청년 세대는 보수를 어떻게 받아들일까.

지금의 20~30대는 고난의 한국 현대사를 책으로만 겪었다. 폐허를 딛고 한강의 기적을 거쳐 잘사는 대한민국이 되어가는 과정을 본 게 아니라, 이미 선진국 반열에 오른 대한민국에서 태어나고 자랐다. 역사가 만들어지는 과정보다는 현재의 결과만 보았다고 할 수 있다. 그런데 그들 눈앞에 펼쳐지는 결과는 매우 참담하다. 이를 잘 보여주는 영화가 〈내부자들〉이다.

"대중들은 개·돼지입니다. 적당한 먹을거리, 유흥거리만 던져주면 결국 따라올 겁니다."

영화 속 주인공인 조국일보 이강희(백윤식) 주필의 이 말은 영화 전반을 관통하는 핵심 주제를 잘 드러낸다. 정치와 기업, 언론으로 대표되는 한국 사회의 보수 권력자들이 대중을 어떻게 인식하는가에 대한 감독의 해석이다. 그리고 영화를 본 많은 이들이 이런 인식에 공감했다.

이강희는 언론의 최정점에 있는 인물이다. 보수신문 조국일보의 주필로서 한국 사회를 쥐락펴락한다. 고교 동창인 검사 출신 장필우(이경영) 변호사를 신정당 대권 후보로 만들었다.

장필우는 한때 조폭들을 일망타진하고 검사장까지 구속시킨 영웅 검사였다. 그러나 상부의 압력으로 옷을 벗고 평범한 변호사로 살았다. 이런 스토리를 잘 알고 있는 이강희는 그를 정치인으로 데뷔시키고 미래자동차 오회장을 스폰서로 붙여준다. 그후 이 세 명은 각각 기업과 정치, 언론을 대표해 온갖 악행을 저지른다.

영화는 이강희의 수족 노릇을 하다 배신당한 깡패 안상구(이병헌)가 죽을 고비를 넘기고 복수를 한다는 내용이다. 여기에 '빽'은 없지만 일말의 정의감이 남아 있는 검사 우장훈(조승우)이 가세해 대한민국을 움직이는 특권층의 비리를 시원하게 까발린다. 영화는 보수 기득권층이 우리 사회를 어떻게 쥐고 흔들어왔는지 적나라하게 묘사한다.

이에 더해 영화 개봉 전후로 〈내부자들〉의 이야기를 마치 현실처럼 착각하게 만들 만한 사건들이 일어났다. 2013년 3월 박근혜 정권 출범 직후 제기된, 법무부 차관의 '별장 성접대' 동영상 사건은 세상을 발칵 뒤집었다. 영화 〈내부자들〉에는 이를 연상시키는 장면이 적나라하게 그려진다. 또 "민중은 개·돼지" 발언으로 물의를 일으켰던 고위 관료, 비리 의혹을 받았던 메이저 언론사 주필 등의 뉴스가 겹치며 영화에 그려진 기득권층의 온갖 행태가 마치 사실처럼 받아들여졌다. 물론 영화에서 묘사한 것과 실제 현실이 똑같지는 않지만, 시민들은 그동안

이와 비슷한 행태를 너무도 많이 겪었다. 영화 속 이야기가 진짜라고 받아들이기에 전혀 무리가 없을 정도이다.

그리고 이런 문제의식을 가졌던 이들의 다수는 청년층이었다. 보수에 대한 장년 세대의 인식이 〈국제시장〉이라면, 청년층은 〈내부자들〉을 먼저 떠올린다. 보수를 산업화와 근대화를 이루어낸 주인공이라고 생각하기보다 현재의 잘못된 구조를 만든 기득권으로만 생각하고 있다. 앞서 국민이 이 사회에서 지켜야 할 전통과 유산이 없다고 느낄 때 보수는 그저 기득권층이 될 뿐이라고 설명한 것과 같은 논리다.

이런 인식의 차이는 매우 큰 문제를 불러온다. 두 세대가 비록 같은 공간 안에 살고는 있지만, 생각하는 방식과 행동 양식은 전혀 다른 세상 사람들로 여겨지기 때문이다. 특히 최근에는 편향된 뉴스 소비 행태로 서로 접하는 정보까지 다르다. 자신에게 익숙한 언론사의 뉴스만 보거나, SNS상에서는 본인과 비슷한 부류의 사람들하고만 관계를 맺고 살기에, 이들은 말 그대로 서로 다른 세상에서 서로 다른 사실을 접하며 산다고 할 수 있다. 즉, 같은 뉴스를 보고 서로 다른 생각을 하게 되는 것이 아니고 처음부터 다른 사실, 진실의 한 측면만 보고 세상을 바라본다. 오늘날 장년 세대와 청년층이 소통되지 않는 이유는 이 때문이다. 인식의 프레임이 다른 게 아니라 사실의 프레임이 다르다는 의미다. 이런 구조는 보수의 설 자리를 더욱 좁게 만들고 있다.

한발 더 나아가 청년층은 장년 세대뿐 아니라 소위 '586세대'에 대한 반감도 크다. 보수만이 아니라 진보 성향이 강한 이들에게도 반감을 갖고 있다는 이야기다. 이는 뒤에서 설명하겠지만 지금의 청년층에게는 보수와 진보 같은 구분보다는 자신이 당장 맞닥뜨리는 현실과 일상의 삶이 더욱 중요하다는 의미다.

그렇다면 청년들을 위해 보수는 무엇을 해야 할까. 의외로 그 답은 간단하다. 단지 실천하지 않고 있을 뿐이다. 그것은 누구나 자신이 노력한 만큼 보상받을 수 있는 공정한 사회를 만드는 일이다. '열정 페이'를 강요하는 사람도 없고, 작은 권력이라도 가지면 '갑질'을 하는 사람들이 없는 세상을 건설해야 한다. 구체적인 방법에 대해서는 뒤에서 다시 이야기하겠지만, 한 가지 명심해야 할 것은 '정의로운 사회'를 구현해야 한다는 것이다. 뻔하고 케케묵은 이야기 같지만 이것이 우리 사회에 가장 필요한 첫 번째 과제 중 하나다.

두 번째로 필요한 것은 잃어버린 정통성을 회복하는 일이다. 한 사회에서 어른으로 인정받으려면 아랫사람이 먼저 대접해주길 바랄 게 아니라 스스로 모범을 보여야 한다. 이는 보수 정치인뿐만 아니라 보수를 지향하는 모든 어른이 해야 할 일이다. 경기도에 위치한 어느 대학의 총장이 이런 이야기를 한 적이 있다.

“전철을 타고 통학하는 학생들이 많은데, 등교 시간에 노인 승객이 너무 많아 무거운 가방을 메고 두 시간씩 서서 옵니다. 대부분 무임승차하시는 노인분들인데, 등하교와 출퇴근 시간만 피해주시면 안 될까요?”

물론 모든 노인들이 그렇다는 이야기는 아니다. 그러나 이와 비슷한 일을 종종 목격한다. 일부의 이야기겠지만 전철 안에서 고성을 지르거나 대낮부터 거나하게 취한 어르신도 가끔 있다. 출입문 앞에 줄 서 있는 사람은 아랑곳하지 않고 슬쩍 새치기하는 분도 있다. 바닥에 침을 뱉거나 코를 푸는 경우도 볼 수 있다. 일부의 이야기일 뿐이며 젊은이 중에도 이런 행동을 하는 사람은 물론 있다. 하지만 어른이 어른으로 인정받기 위해서는 젊은이에게 모범을 보여야 한다. ‘윗물이 맑아야 아랫물이 맑다’라는 말처럼, 나이가 든다는 것은 그만큼 어깨에 짊어지는 도덕과 품격의 무게도 무거워진다는 의미일 것이다.

이와 관련하여 배우 이순재 선생의 이야기가 마음에 와닿는다. 그는 2018년 4월 21일 조선일보와의 인터뷰에서 이렇게 말했다.

“어른이라고 행세하려 해선 안 됩니다. 염치를 갖고 지킬 것을 지키면 어른 대접을 해주는 거죠. 전 누구에게든 강요하고 위세 부리는 걸 가장 경계합니다. 손해 보듯 살아야 좋은 인생인 거죠."

80세를 훌쩍 넘은 최고령 배우임에도 누구보다 일에 열정적이며 후배들의 모범이 되는 배우다. 우리 사회에 이런 어른이 많아야 보수가 건강해진다.

정치인은 일반인보다 더욱 잘해야 한다. 보수 정치의 리더는 나이가 적든 많든, 그 사회의 모범이 돼야 하기 때문이다. 보수가 지향하는 바가 대중으로부터 지지를 받으려면 이들의 신념과 철학이 정당성을 확보해야 한다. 그 핵심이 바로 도덕성이다. 보수 정치가가 도덕적 정당성을 갖고 있지 않으면 이들의 이야기는 설득력을 얻기 힘들다. 보수는 전통과 유산을 지켜가는 책무를 안고 있는데, 그런 가치가 올바른 도덕적 토대 위에 마련돼 있지 않다면 누구든 급진적인 개혁을 꿈꾸게 될 것이다. 그러므로 보수는 진보에 비해 도덕적으로 더욱 엄격해야 하고, 윤리적이고 모범적인 삶을 살아야 한다. 그만큼 한 사회의 어른이 되고, 보수 정치인이 되는 것은 어려운 일이다.

보수보다 미운 586 꼰대 〈미생〉

드라마로도 제작돼 큰 화제를 모은 웹툰 〈미생〉은 지금의 청년들이 겪고 있는 일상의 문제들을 적나라하게 보여준다. 바둑 기사를 꿈꿨다 실패한 주인공 장그래는 평범한 회사원이 되어 하루하루를 살아간다. 그러나 평범하다는 것은 매우 어려운 일이다. 인턴으로 시작해 고학력과 높은 스펙을 두루 갖춘 동기들 사이에서 살아남는 것은 매일매일 경쟁의 연속이었다.

실제로 지금의 청년 세대는 걷기 시작한 후부터 지금까지 평생을 경쟁 속에 살아왔다. 유치원에 들어가기도 전부터 학원에서 영어를 배우고, 초등학교에선 중학교 과정을 선행학습한다. 고등학교에선 내신 점수를 잘 받기 위해 좁은 교실 안에서 옆 친구와 경쟁을 벌인다. 대학에 가서는 학점과 스펙 쌓기로 경쟁이 더욱 치열해진다. 취업을 위해서는 어학연수, 해외봉사, 각종 수상 경험, 토익 고득점까지, 무엇 하나 소홀히 할 수 없다. 그런데도 취업은 하늘의 별 따기다.

어렵게 직장에 들어갔다 해도 그들을 기다리는 것은 수직적인 조직문화와 자신의 열정과 재능을 고갈시키는 것만 같은 파렴치하고 못된 상사들뿐이다. 〈미생〉은 한국 사회의 청년이 겪고 있는 문제를 담담하면서도 적나라하게 보여주었다. 그 안에서 장그래와 같은 청년 대부분은 '완생'이 되기 위해 발버둥 쳤다.

앞서 살펴본 장년층, 즉 '태극기'로 불리는 장년 세대는 청년들에겐 오히려 먼 이야기다. 그들은 이미 오래전에 은퇴했고, 자신들의 삶의 반경에서 동떨어져 있는 '외부자들'이기 때문이다. 그들이 제아무리 광화문 광장에 모여 시위를 벌여도 그저 남의 나라 이야기일 뿐이다. 하지만 바로 그 아래 세대인 중년층은 다르다. 20~30대 청년층의 부모 세대이면서 실제로 청년들에게 지대한 영향력을 끼친다. 사회에선 기업과 대학 등 온갖 조직의 관리자로 의사결정의 상층부를 이루고 있다. 상대적으로 높은 연봉을 받고 있으며, 최근엔 정년까지 늘어났다. 그래서 청년층은 이들 중년층이 자신들의 일자리를 빼앗고 있다고 생각한다. 청년들의 아이디어는 쏙쏙 빼먹으면서 '열정페이'를 강요한다고 여긴다. 그러면서 꼰대처럼 잔소리하거나 '힘내라', '아프니까 청춘이다' 식의 울림 없는 조언만 하고 있다는 것이다.

특히 그들은 일상에서 쉼 없이 과거의 운동 경력을 자랑한다. 자신의 세대가 독재와 싸워 민주화를 쟁취해냈다고 말이다. 그러면서 진보 정치인이 만들어내는 독재와 반독재의 프레임을 민주화가 된 지 30년이 지난 지금까지 써먹고 있다. 정작 기업과 조직에서 어느새 자신이 독재자의 위치에 있다는 것은 모른 채 말이다. 그러면서 청년들에게 '패기가 없다', '노력을 안 한다', '우리 때는 이러지 않았다'라고 말한다.

지금의 청년층은 과거의 어느 세대보다 높은 학력과 스펙을 갖추고 있지만 취업하는 것조차 녹록지 않다. 이런 그들에게 '586'은 점점 원망의 대상이 되어가고 있다. 586세대는 상대적으로 지금보다 대학 입학도 수월했고, 학창 시절 열심히 공부를 하지 않아도 취업이 가능했다. 또 노력한 만큼 성취할 수 있는 기회도 많았다. 쉽게 대기업에 들어갔고, 대학교수가 되는 것도 지금만큼 어렵지 않았다. 또 이들이 열심히 돈을 모아 구입한 아파트는 몇 배가 뛰었다. 그래서 청년들에게는 586세대가 사회의 온갖 기득권을 다 꿰차고 있는 것처럼 보인다.

'N포 세대'라는 말이 보여주듯 청년들은 너무 높은 집값에 아예 집 장만을 포기했다. 연애도, 취업도, 결혼도, 출산도 모두 포기해야 할 상황이다. 별로 열심히 일하는 것 같지 않은 50대 한 명을 내보내면 자기 같은 청년 두세 명은 취업할 수 있을 거라고 생각하기도 한다. 이렇게 힘든 현실로 내몰린 청년들은 '욜로YOLO', '소확행' 같은 것들에 겨우 눈을 돌릴 뿐, 공고한 현실의 벽에 부딪혀 더 높고 큰 꿈을 꾸는 법 자체를 잃어가고 있다.

이런 상황인데도 '586'은 이미 높은 성벽 위에 올라가 사다리를 걷어차려고 한다. 청년임대주택 건설을 거부하고 집값을 담합해 떨어뜨리지 않겠다고 버틴다. 청년들의 눈에 이런 행동이 어떻게 비칠까. 그들이 사회에서 힘이 없다고 문제를 인식하고 잘못을 파악하는 능력마저 없다고 생각하는 걸까. 청년층에겐 권위주의 세력뿐만 아니라 계층 이동이 가능한 희망 사다리를 부숴버린 586세대가 오히려 피부에 와닿는 '내부자들'

이 아닐까.

이는 스스로 진보라고 생각하고 말하면서 행동은 보수로 일관하는, 아니 기득권은 내려놓지 않으면서 생각만 진보를 표방하는 모순된 '586'에 대한 비판이다. 기성세대와 청년층이 제로섬 게임의 대결 구도를 취해서는 안 되겠지만, 기성세대가 내려놓고 양보해야 할 것들은 분명히 있다. 앞서 살펴본 청년 임대주택과 같은 것들이 그렇다. 해당 지역의 주민들은 청년임대주택 건설로 집값이 떨어질 것이라고 우려한다. 심지어는 주민협의회 명의로 '슬럼화될 것이므로 무조건 반대해야 한다'라는 결의를 다진 곳도 있다. 같은 이유로 장애 학생들을 위한 특수학교를 반대하는 경우도 많았다. 심지어 해당 지역의 국회의원은 특수학교 자리에 한방병원을 짓겠다는 공약으로 당선되기도 했다.

모두가 이런저런 이유를 대며 청년과 사회적 약자들을 위한 시설을 반대한다면 우리 사회는 어떻게 돌아가겠는가. 이런 문제를 해결하는 것도 보수 정치의 몫이다. 그런데 시민의 욕망을 설득하고 바른 방향으로 이끌어야 할 정치인들은 오히려 표심을 얻기 위해 경거망동한다. 이래서는 보수 정치도, 대한민국도 바로 설 수 없다.

586세대와 청년 세대의 이야기는 보수 정치와는 조금 결이 다른 것이었지만 이 역시 보수 정치가 해결해야 할 문제라는 점에서 생각해볼 가치가 있다.

지금까지는 한국 사회에서 보수 정치가 형성되어온 과정을 살펴보고, 세대마다 보수에 대한 인식이 어떻게 다른지 알아보았다. 지금부터는 보수 정치의 문제점들은 무엇인지, 앞으로 무엇을 해야 하는지 하나씩 살펴볼 것이다. 3장에서는 실제 있었던 사건과 그 이면에 있는 생생한 이야기를 토대로 보수의 민낯을 들여다볼 것이며, 4장에서는 한국 사회에 필요한 보수 정치의 본질적 이념에 대해, 5장에서는 보수가 나아가야 할 길에 대한 구체적인 방법론을 따져보겠다.

3장

보수 정치의 문제

보수 정치의 문제

뿌리 깊은 권위주의

대의민주주의의 핵심은 정치인이 국민으로부터 그 뜻을 위임받았다는 데 있다. 그러므로 정치인은 국민 위에 군림하려 해서는 안 된다. 오늘날의 정치 체제에서 국민의 대표자들이 반드시 유념해야 할 것은 시민에 대한 수평적 관계의 마인드를 갖추는 것과 격의 없는 의사소통을 할 줄 알아야 한다는 점이다. 엄격한 위계질서와 그로부터 비롯되는 불통의 조직문화는 국가주의·권위주의 시대의 유물이기 때문이다.

하지만 이런 구시대의 유물이 한국 정치에 아직도 건재하다는 사실을 전 세계에 알린 사건이 하나 있다. 바로 '노 룩 패스No Look Pass' 사건이다. 당시 촬영된 내용에 따르면 현재 자유한국당에 몸담고 있는 한 유력 정치인이 공항 입국장으로 들어오면서 자기 보좌진에게 눈도 마주치지 않고 캐리어를 밀어 보냈다. 마치 농구 선수가 '페이크fake'를 쓰기 위해 공이 갈 방향을 보지 않고 패스하는 것과 비슷하다고 해 이런 이름이 붙었다.

물론 이 국회의원에게도 나름의 사정과 해명하고 싶은 이야기가 많을 것이다. 그러나 공공장소에서 누구나 알아볼 만한 유명 정치인이, 그것도 언론사의 카메라가 돌아가는 와중에 보좌진의 얼굴도 보지 않고 캐리어를 밀치는 장면은 일반 국민이 보기에 납득하기 어려웠다.

이후 연예인과 일반인 등이 똑같은 상황을 연출하며 수많은 패러디를 낳았다. 수십 개의 관련 동영상들이 유튜브에 올랐고 온 천지에 '노 룩 패스'라는 해시태그가 유행했다. 실시간 검색 1위에 장시간 오르며 외국 매체조차 이 사건을 '한국 정치인의 스웨그Korean Politician Swag'라며 소개했다. 2018년 3월에는 이 사진을 찍은 기자가 '2017 올해의 사진상'을 받으며 수그러들었던 이 사건이 다시 주목받기도 했다.

심지어 2018년 《무례한 사람에게 웃으며 대처하는 법》으로 베스트셀러 작가에 오른 정문정 씨는 경향신문과의 인터뷰에서 '노 룩 패스' 사건이 책을 쓰게 된 직접적인 계기였다고 밝혔다. 그는 "최근 몇 년간 한국 사회에 갑질 문화에 대한 분노가 가득 차 있다고 느끼던 차에 '노 룩 패스'를 보고 너무 충격을 받았다. 그게 왜 문제인지 모를 정도로 아무도 그를 제지하지 않았다. 무례한 사람을 용인하고 키워온 사회에 문제가 있다는 생각을 했다"라고 말했다.

'노 룩 패스'의 주인공이 늘 이런 식이었는지, 아니면 어쩌다 이날 하루 단 한 번의 패스를 성공시킨 것이었는지는 알 수 없다. 그러나 다수의 취재기자들이 그가 들어오길 기다리며 진을 치고 있는 상황에서, 카메라 플래시가 마구 터지고 있는데도 이런 고난도 패스를 굳이 했어야 하는지는 이해하기 어렵다. 특히 그날은 당시 바른정당 소속이던 그가 일본에 다녀오면서 중요한 정치적 입장을 밝힌 날이었다.

잘 알려진 대로 그는 김영삼 전 대통령에게 정치를 배운 6선의 노련한 정치인이다. 청와대 민정수석, 내무부 차관, 당 사무총장 · 원내대표 · 대표까지 지낸 한국 보수의 적통이다. 정치권에선 선이 굵은 정치인으로 유명하다. 과거 '친박'이었지만 박근혜 전 대통령에게 쓴소리도 할 줄 아는, 나름대로 의식 있는 정치인으로 분류됐다. 그러나 그 역시 권위주의 문화와 의식 구조에서 빠져나오지 못한 것 아니겠는가.

"그 정도 경력이면 '노 룩 패스' 정도야 용인해줄 수 있는 것 아니냐"고 반문할 사람도 있겠다. 특히 보수 정치인과 이들을 지지하는 사람들 사이에서는 그런 의견을 보이는 이들도 꽤 많다. 하지만 그들의 이야기처럼 이 사건이 언제라도 있을 수 있는 상식적인 행동이었다면 그처럼 온 한국 사회를 뜨겁게 달구진 않았을 것이다. 과거의 습관과 행태 속에서는 논란이 되지 않을 만한 일이었을지 몰라도 4차 혁명을 눈앞에 둔 현대 사회에서는 분명 문제가 있는 행동이기 때문이다.

2016년 12월 미국 백악관은 버락 오바마 전 미국 대통령의 퇴임을 앞두고 소위 '파파라치 컷(부자연스럽게 연출하지 않고 편하게 찍은 사진)'으로 보이는 수십 장의 사진을 공개했다. 그중엔 갓 돌이 지났을 무렵으로 보이는 아이와 오바마 전 대통령이 눈을 맞추고 있는 모습의 사진이 있다. 기어오는 아이를 바라보기 위해 그 역시 바닥에 엎드린 채 잔뜩 웅크리고 있으며, 아이와 대통령이 눈을 마주치고 활짝 웃고 있다.

또 다른 사진엔 그와 백악관 비서 두 명이 토론하는 모습이 있었다. 오마바 전 대통령은 소파 뒤에 서서 팔짱을 끼고 곰곰이 생각에 잠겨 있고, 비서들은 소파에 편히 앉아 다리를 꼬거나 심지어 테이블 위에 다리를 올려놓고 있는 모습이다. 만일 한국 사회였다면 이런 일이 가능하기나 했을까.

물론 우리와 문화적 토양이 다른 미국과 우리를 단순히 직접 비교하는 것은 적절하지 않을지도 모른다. 그렇지만 굳이 오바마 전 대통령까지 거론하지 않더라도, '노 룩 패스'가 얼마나 권위주의적인 행동인지는 온 국민이 직감적으로 알 수 있다. 더욱이 보수의 적통이면서 그나마 자유한국당 안에서도 이른바 '나이스nice'한 정치인이라는 평가를 받는 사람이 그런 행동을 보였다는 점에서 보수 정치인들에 대한 실망이 컸던 것이다.

이와 비슷한 사건으로 2018년 4월 MBC 〈100분 토론〉에서 또 다른 자유한국당 의원이 스타가 됐다. 당시 이 의원은 청와대의 헌법 개정안을 놓고 유시민 작가와 설전을 벌이고 있었다. '토지공개념'에 대해 토론을 하던 중 그는 '법률에 의거한다'는 표현이 개정안에 빠져 있는 것을 문제 삼으며 "사회주의 헌법이 우려된다"고 비판했다. 그의 주장대로라면 매우 합리적이고 설득력 있는 이야기였다. 더욱이 그는 판사 출신에 당 최고위원까지 지낸 4선 의원이었다.

그런데 그다음 장면에서 그는 곧바로 코미디의 주인공이 돼버렸다. 유 작가가 "청와대에서 직접 다운로드한 자료"라며 '법률에 의거한다'라는 표현이 들어 있는 헌법 조문을 들이댔다. 그러자 이 정치인도 자신이 갖고 온 자료를 내보이며 "그런 표현은 어디에도 없다"라고 맞섰다. 하지만 유 작가가 "그 자료는 어디에서 났느냐"고 묻자, 그가 머뭇거리며 "직원들이 뽑아줬다"라고 말꼬리를 흐리는 사이 방청객에선 웃음이 터져 나왔다.

이 장면만 편집한 2분짜리 동영상은 유튜브 등 인터넷과

SNS에 삽시간에 퍼졌다. 역시 실시간 검색 1위에 올랐다. 국민들은 이 장면을 보고 무엇을 느꼈을까. 대통령이 제안한 헌법 개정안을 '사회주의 헌법'이라고 비판할 정도였다면, '찔러도 피 한 방울 나오지 않을' 만큼 준비를 철저히 해야 옳지 않았을까.

물론 해당 의원으로서는 자신이 가진 자료에 문제가 된 부분이 빠져 있었기 때문에 억울했을 수도 있다. 하지만 국민의 생각은 다르다. "청와대 홈페이지에 가서 직접 다운로드했다"라는 유 작가와 "직원들이 자료를 준비해줬다"는 정치인이 대조돼 보일 수밖에 없기 때문이다. 정치인이 얼마나 바쁜 줄 아느냐고, 일일이 청와대 홈페이지까지 들어가서 직접 다운 받고, 자료를 프린트할 시간은 없다고 항변할 수도 있겠지만, 토론 당사자로서 준비하는 입장에서 드러난 이 대조적인 모습을 통해 이 사건은 큰 이슈가 되었다.

사건 직후 이 정치인은 다시 언론에 입장을 밝혔으며, 오히려 청와대를 비판했다. 처음 국회에 준 자료에는 나중에 청와대에 올린 파일과 달리 '법률에 의거한다'라는 표현이 없었다는 것이다. 청와대가 문구를 수정하고 보도자료 등을 냈지만 이 부분을 자세히 명시하지 않았기 때문에 청와대가 잘못했다는 주장이다. 한편으로 그 의원이 억울할 수도 있겠다는 생각을 해본다. 그러나 이날 함께 토론에 나섰던 더불어민주당의 국회의원은 제대로 된 자료를 갖고 있었다. 같은 국회의원인데 왜 그는 올바른 자료를 받았을까. 청와대가 여야를 가려 다른 개정안을 주진 않았을 텐데 말이다.

이유야 어찌 됐든 한번 국민에게 각인된 인식은 바뀌지 않는다. 이 사실을 접한 국민들로부터 "정치인은 손이 없나 발이 없나, 직접 다운로드도 할 줄 몰라", "대통령의 개헌안을 지적한다면서 직접 자료조사도 하지 않고 비서들에게 맡기는 게 구태 아니고 뭐냐"라는 비판들도 흘러나왔다. 그리고 이는 상식의 관점에서 모두 타당한 지적들이다.

한편 몇 달 후엔 이 정치인의 비서관이 중학생에게 던진 폭언이 이슈가 되었다. 이 비서관은 10대 소년에게 "이 XX가…… 어디 한주먹감도 안 되는 XX가, 죽으려고 진짜"와 같은 욕설을 퍼부었고, 고 노무현 대통령에 대한 막말까지 했다. 이런 모습을 바라보는 국민의 마음은 더욱 찜찜하고 허탈할 수밖에 없다.

예시로 든 자유한국당의 두 의원 사례 외에도 보수 정치인들의 권위주의적인 행태는 들여다볼수록 황당한 것들이 많다. 2014년 과거 한나라당 소속의 전직 국회의장은 골프장 캐디를 성희롱했다가 재판에서 징역 6개월에 집행유예 1년을 선고받았다. 그때만 해도 지금처럼 '미투Me Too' 운동이 벌어지기 전이어서 현재와 비교하면 사회적 지탄을 덜 받았다고 할 수 있다.

또 한나라당 사무총장을 지낸 한 정치인은 식당에서 여기자를 뒤에서 끌어안고 가슴을 만졌다가 큰 비난을 받았다. 그러나 이 정치인은 사과 기자회견에서 해명 발언을 하면서 해당 기자가 식당 여주인인 줄 알았다고 말해 더 큰 파장을 불러일으켰다. '식당 아줌마면 만져도 된다는 말이냐'라는 타당한 지적이었지만, 이런 이력을 지닌 그는 그다음 선거에서 다시 당선되었다.

물론 성추행·성폭행은 권위주의보다 더욱 문제가 심각한 범법 행위다. 그리고 이런 일들은 보수와 진보를 떠나 벌어진다. 하지만 미투 운동에서 밝혀진 것처럼 성추행·성폭행은 위계질서가 강한 곳에서 주로 발생한다. 비록 최근의 미투 국면에서는 보수 정당인 자유한국당이 더불어민주당에 비해 다소 조용한 것처럼 비쳤을지 모르지만, 그들 역시 이 문제에 있어 결코 자유롭지 않다.

의전 중독자들

앞서 살펴본 정치인의 권위주의는 비단 보수만의 문제는 아니다. 한진그룹 오너 일가의 사태에서 볼 수 있는 것처럼 우리 사회에 깊숙이 박힌 권위주의 문화는 영어로는 번역조차 안 되는 '갑질' 문화를 만들었다. 물론 외국이라고 권력과 우월한 지위를 이용해 다른 사람을 괴롭히는 행동을 하는 이들이 없겠는가. 그러나 한국의 갑질은 두 가지 측면에서 다르다.

첫째는 역할과 인격을 동일시한다는 점이다. 한진그룹 오너인 조양호 회장 일가의 갑질은 언론을 통해 수없이 보도된 것처럼 황당한 것이 많다. 직원이나 거래처 사람에게 아무렇지 않게 소리를 지르고 폭력을 휘두른다. 녹음된 내용을 들어보면 보통의 사람이 지니는 상식과 교양을 뛰어넘는 경우가 많다. 이들이 직원을 마치 노비나 종 부리듯 하는 모습이 알려졌는데, 이는 직원의 역할을 곧 그 사람의 인격과 동일시하기 때문이다. 조직 내에 상하관계는 있을지언정 업무를 벗어난 영역에서까지, 즉 인격적으로 사람을 하대하는 것은 있을 수 없는 일이다. 그런데도 이렇게 갑질을 하는 이유는 이들의 의식이 신분제 사회였던 과거에 멈춰 있기 때문이다.

둘째는 갑질의 자기파괴성이다. 조현아가 '땅콩 회항'을 한 것이나 조현민이 '물벼락'을 내린 일 모두, 이 행위를 보면 뚜렷한 목적을 알 수 없다. 즉, 갑질을 통해 갑질의 주체가 얻을 수 있는 이득이 없다는 이야기다. 예를 들어 금전적 이익을 얻거나, 더 높은 위치를 차지하기 위해 상대를 몰락시키는 등의 이해관계가 없다. 오직 자기 분풀이를 위해 갑질을 하고, 그 탓에 모든 것을 잃는다. 그런 의미에서 한국의 갑질은 자기파괴적 성격이 강하다.

그렇다면 이런 갑질이 일어날 수 있었던 근본 원인은 무엇일까. 여러 가지 원인이 있겠지만 나는 핵심 이유 중 하나가 지나친 의전儀典 문화 때문이라고 본다. 언론을 통해 알려졌듯 한진그룹 오너 일가의 의전은 마치 임금이 행차하는 것과 같았다. 오너가 탄 비행기가 떠난 뒤에도 30분을 기다려야 하고, 아무 직책도 없는 회장 부인을 몰라보고 '할머니'라고 불렀다고 해서 회사에서 쫓겨났다고도 한다. 이들 오너 일가는 평생 과잉 의전을 받고 살다 보니 이에 도취해 21세기라는 현실을 망각하고, 마치 봉건시대의 왕족과 같은 특권의식에서 빠져나오지 못한 것이다.

일반 대중이 보기엔 도대체 의전이 무엇이기에 이 정도로 심각한 문제가 될까 싶을 수도 있다. 재벌의 의전을 누려본 사람은 극소수일 것이고, 아무나 재벌이 될 수 없으므로 이들의 의전 문화를 평범한 우리가 이해하긴 어렵다. 그러나 나는 이전에 의전을 경험해보지 못했던 사람이 한번 의전의 맛을 보면 걷잡을 수 없이 빠져들게 되는 경우를 종종 봤다. 주로 정치권에서 더욱 그렇다.

내가 아는 한 중진 의원은 의전을 마약과 같다고 했다. 그는 "한번 정치권에 발을 들였던 사람들이 낙선해도 여의도를 헤어나지 못하고 국회 주변을 기웃거리는 '정치 낭인'이 된 경우가 주변에 많다"라고 말했다. 그리고 그 이유로 "현직 국회의원일 때는 어딜 가든 극진한 대접을 받았는데, 낙선하고 나면 초라한 아저씨, 아줌마가 된다. 사람들이 자신에게 몰렸던 이유는 금배지 때문인데, 마치 자신을 좋아해서 그런 것처럼 착각한다"라고 설명했다.

실제 의학 연구 결과에 따르면 의전을 받는 등 사람들로부터 극진한 대우를 받을 때에는 그 순간 테스토스테론과 도파민 같은 물질이 분비돼 도취 상태에 빠진다고 한다. '의전 중독'이 실제로 있다는 이야기다.

내가 아는 한 초선의원도 대표적인 '의전 중독'이었다. 나는 그가 의원이 되기 전부터 알고 지냈는데, 그가 비례대표로 국회에 입성한 뒤 1년가량 지나서 그와 마주치게 되었다. 그런데 그때 보게 된 그의 모습은 전혀 다른 사람 같았다. 평소 소탈하고 합리적인 성격이었던 그가 어느새 오만하고 때론 무례한 모습까지 보였던 것이다.

국회에서 20년 가까이 의원들을 보좌했던 한 전직 보좌관은 지역구 국회의원보다 비례대표의 경우 이런 성향이 강하다고 말한다. "지역구 의원들은 늘 유권자와 접촉하면서 머리 숙여야 할 일들이 있지만, 비례대표 의원들은 공천권을 쥔 당의 실세들 외에는 눈치 볼 사람이 없기 때문"이란다. 그러나 이들이 마약 같은 의전의 맛에 취해 있는 사이 4년이라는 임기는 금방 흘러간다. 이들 대다수는 재선에 실패하고 일장춘몽처럼 일상으로 돌아간다. 물론 그사이 주변에 있던 사람들은 그를 떠나버리기도 한다.

지역구에서 재선 의원을 지낸 한 인사가 이런 이야기를 한 적이 있다.

"국회의원 하면서 가장 폼 날 때가 언제인 줄 알아? 국무총리, 장관 등을 불러놓고 소리치고 꾸짖을 때야. 말이 맞고 틀리고는 상관없어. 특히 야당일 때는 뭔가 호통치고 그래야 지도부와 지지자들이 좋아해. 세상에 총리한테 소리 지를 수 있는 사람이 몇이나 되겠어?"

의전으로 상징되는 권력의 향기가 그토록 달콤한 것인지, 이런 이야기를 들으면 씁쓸해질 수밖에 없다.

한편 우리나라 의원들의 의전 중독이 외국에 가면 종종 더욱 심해지는 것에 비해, 외국 의원들의 경우는 조금 다르다. 외국 출장 경험이 있는 한 의원의 이야기를 들어보자.

"국회의원이 보통 시찰을 가면, 그 나라의 대사를 비롯해 직원들이 영접을 나온다. 대사관에서 차량을 지원하고 실무진들이 에스코트하는 것은 기본이다. 한번은 미국 의원들과 행사장에서 만나고 함께 저녁을 하기로 했다. 그런데 그들은 택시를 타고 이동하려고 하더라. 그래서 우리 대사관 차에 동승시켜 움직인 적도 있다."

미국의 정치인들만 그럴까. 북유럽에는 의원에게 보좌진이 없는 나라도 있다. 또 의원에게 제공하는 세비가 적어, 자전거를 타고 출퇴근하는 경우도 있다. 물론 이는 인구가 적은 몇몇 나라에 국한된 이야기이고, 모든 한국의 정치인이 이렇게 활동해야 한다는 뜻도 아니다. 하지만 적어도 지금처럼 과잉 의전이 당연시되어서는 안 된다. 이는 그들의 내면에 자리 잡은 권위주의라는 괴물만 키우는 꼴이다.

한 전직 의원은 이런 이야기를 들려주었다.

"호주에서 상하원 의원 여덟 명이 방한한 적이 있다. 이들 이야기를 들어보니 비행기 좌석을 이코노미석으로 타고 왔다더라. 호주에선 비즈니스석 이상을 타는 사람이 손꼽을 정도라고 한다. 그런데 우리는 일반적으로 비즈니스석을 탄다."

물론 의전 중독이 비단 보수 정치인만의 문제는 아니다. 진보 정치인 중에도 이런 사람이 있고, 보수 정치인이라 해도 사람에 따라 다를 수 있다. 내가 오랫동안 교류해온 정치인 중에는 그렇지 않은 사람도 많다. 하지만 이런 의전 중독은 보수 쪽이 훨씬 더 심각하다. 현직 국회의원의 말을 들어보자.

"과잉 의전에 대해 문제의식을 지닌 분들은 거의 없다. 있다 해도 쉽게 의전 문화에 동화된다. 특히 보수 정당엔 고위 관료나 장·차관, 또 무슨 협회장 등을 했던 사람이 많다. 의전에 익숙한 사람들이다. 그렇다 보니 상대적으로 진보 정치인에 비해 의전에 더 집착한다. 우수한 인력들이 이런 의전 때문에 능력이 낭비되는 걸 보면 매우 안타깝다."

이 같은 의전 중독은 위계서열을 나누고 이런 문화와 의식을 계속 강화한다. 때론 그런 문화가 보좌진에게까지 전염되기도 한다. 조금 시간이 지난 이야기지만 2010년 서울의 한 국회의원 보좌관은 이런 이야기를 한 적이 있다.

"지역구에 경찰서장이 취임하면 인사를 하러 와. 그런데 영감(국회의원을 일컫는 속어)이 일일이 서장을 만나주나. 그런데도 왜 서장이 오는지 알아? 우리한테 인사하러 오는 거야. 어차피 급수도 4급으로 똑같아. 하지만 오히려 우리는 말호봉인데다, 국회 프리미엄이 있기 때문에 보좌관이 더 높은 거야."

이런 인식은 정부 부처 공무원들을 대할 때 더욱 심각해진다. 정책은 주로 5,6급 비서들이 다루는데, 이들이 상대하는 사람은 대부분 중앙부처의 국·과장들이다. 국장은 보통 3급, 과장은 4급이다. 그러나 정부는 국회의 피감기관이기 때문에 일반적으로 국회에선 '을'의 위치에 있다. 그렇다 보니 본의 아니게 '갑질'을 하는 보좌진도 있다. 이는 물론 일부의 이야기지만 중앙부처 공무원의 입장에서는 국회가 그만큼 큰 권력이란 이야기이다.

물론 관료라고 해서 이런 의전 문화가 없는 것은 아니다. 오히려 더욱 심한 경우도 있다. 특히 중앙부처가 주최하는 행사에 가보면 실장(1급)을 대신해 국장이나 과장이 오는 경우가 많은데 이들에 대한 의전도 만만치 않다. 공무원은 정책을 수립하고 실행하는 위치에 있다 보니 '갑'이 되는 경우가 많다. 현직 국회의원의 한 보좌관은 "60세가 넘은 대학 총장이 교육부의 30대 사무관에게 쩔쩔매는 경우가 다반사"라고 말했다.

실제로 서울의 한 사립대 부총장은 2018년 교육부의 담당 과장에게 인사를 하러 갔다가 그 밑의 여성 사무관에게 큰 모욕을 당한 사실을 털어놓기도 했다. 그는 교육부 밖으로 나오면서 분한 마음에 벽을 붙잡고 한동안 심호흡을 했다고 한다.

위에서 몇 가지 예시를 들었지만, 모든 정치인과 공무원이 그렇다는 뜻은 아니다. 오히려 그렇지 않은 사람이 더 많다. 하지만 이처럼 지나친 의전 문화는 우리 사회를 좀먹는다. 윗사람에서부터 시작된 의전 과잉과 중독은 피라미드처럼 아래로 전염되고, 결국 그 피해를 보는 것은 일반 국민이다. 아마도 많은 이들이 관공서나 법원 등에 일을 보러 갔다가 불편한 감정을 느껴본 적이 있을 것이다. 왜 그럴까. 공직을 국민을 위해 봉사하는 자리로 생각하지 않기 때문이다. 공직에 있는 사람이 진정한 국민의 심부름꾼이 되려면, 윗사람들부터 수직적이고 위계적인 문화를 없애는 데 앞장서야 할 것이다.

계파의 비겁한 수하들

지난 10년간 보수 정당의 간판은 여러 번 바뀌었지만 변하지 않은 것이 하나 있다면 바로 계파 정치다. 한나라당에서 새누리당으로, 다시 자유한국당으로 당명을 바꿨어도 많은 이들이 여전히 그 안에서 수장을 찾고, 다시 줄을 서려고 한다. 그런데 계파 정치의 말로는 어땠는가. 당장 유력한 정치인의 후광을 입는 것은 안락하고 구미가 당기는 일이다. 철학이 없어도, 콘텐츠가 부족해도 유력 정치인의 뒷배만 있으면 쉽게 공천을 받고 권력을 유지할 수 있기 때문이다. 그런데 계파 정치의 본질은 주종 관계를 전제로 한다. 따라서 계파 정치에 매몰된 정치인들은 헌법에 보장된 국민의 대표로서 자신의 정치철학을 구현하기보다 보스의 뒤만 종종 따라다니다 끝나는 경우가 많다. 대표적인 예를 살펴보자.

2017년 1월 TV조선은 정호성 전 청와대 비서관의 녹취록을 입수해 보도했다. 녹취록에는 박근혜 전 대통령이 취임 직전 최순실과 각종 논의를 하는 상황이 담겨 있다. 그때 친박 중 가장 실세인 한 의원이 거론된다. 그는 젊은 나이에 행정고시에 합격했고 모 경제지의 논설위원을 지냈으며 지식경제부 장관을 역임한 4선 국회의원이다. 대한민국의 엘리트 중 엘리트라 할 수 있다. 그런 그가 계파 내에서 어떻게 취급받는지 보자.

최순실이 "A가 (과거엔) 그 정도는 알아서 했다"라고 하자 박 전 대통령은 "A는 너무 입이 싸다, 밖에 나가 적을 만들고 돌아다닌다"라고 말한다. 이어진 대화에서 최순실이 대선후보 수락 연설 초안을 보고 "헌법 가치는 고루하다, 그럴 필요 없을 것 같다"라고 하자 박 전 대통령이 바로 "맞다"라고 수긍한다. 이 외의 다른 대화에서도 보면 박 전 대통령은 최순실의 이야기를 참 잘 들어줬다. 그러나 친박이라 불리는 계파 정치인들은 어떤 대우를 받았는가.

방금 언급한 이 정치인은 친박 정치인 중에서도 최고 실세였다. 과연 그가 최순실에게도 무시당할 만큼 비천한 사람인가? 그는 여당의 실세로 권력의 정점에 있었다. 그렇기 때문인지는 몰라도 내가 기억하기에 그는 늘 자신감과 확신에 찬 사람이었다. 때론 거만하게 보일 만큼 소신도 뚜렷했다. 그런 그가 왜 계파의 수장인 박 전 대통령은 물론 아무런 직함조차 갖지 않은 최순실로부터 하대를 당해야 하는가. 이 녹취가 공개되는 순간 이 정치인을 믿고 따랐던 휘하의 다른 계파 정치인들, 또 그들을 지지했던 많은 시민은 한순간에 바보가 돼버렸다.

아울러 이 자리에 있던 정 전 비서관과 다른 문고리 권력들의 문제는 더욱 심각하다. 이미 여러 번 공개된 이야기지만 친박 의원들도 웬만해서는 박 전 대통령과 직접 통화하기 어려웠다. 이명박 대통령 시절에도 박 전 대통령은 '미래권력'으로 불리며 당 내에서 독보적 위치를 점했다. 당시 이 대통령이 '세종시 수정안(행정수도가 아닌 기업혁신도시로 전환하는 방안)'을 제안했지만 박 전 대통령이 원안을 고수했고, 결국 그대로 추진되었다. 그만큼 막강한 힘을 가졌기에 그의 일거수일투족은 큰 이슈가 됐다.

그 당시 박 전 대통령은 외국으로 출장을 여러 번 갔다. 그때 몇몇 기자들이 취재 차 동행했다. 평소 보기 어려운 그를 가까이서 볼 좋은 기회였기 때문이다. 한번은 나도 박 전 대통령의 해외 출장에 동행했다. 세 명의 문고리 권력 비서 중 한 명과 국회의원 한 명이 따라갔다. 그러나 4박 5일의 출장 기간 중 기자들이 박 전 대통령을 만날 수 있었던 시간은 딱 20분이었다. 박 전 대통령의 동선을 따라 다니긴 했지만, 먼발치에서 지켜볼 수밖에 없었다. 접근 자체가 불가능했다. 기자들은 국회의원을 재촉해 박 전 대통령과 면담을 요청했다. 하지만 그조차 박 전 대통령과 직통으로 연결할 위치가 아니었다. 그는 문고리 권력과 수차례 통화 끝에 어렵게 귀국 하루 전날 짬을 내 면담 시간을 만들었다. 그날 이후로 '문고리 권력들은 웬만한 초재선 의원보다 위'라는 소문이 돌았다.

따지고 보면 '문고리 권력'이 설치는 상황은 예나 지금이나 똑같다. 과거에 환관이 그랬듯, 현재도 권력자의 옆에 찰싹 붙어 호가호위하려는 무리들이 어디에나 있다. 그렇다 보니 누가 계파 수장의 복심인지를 놓고 정치인들끼리 경쟁하기도 한다. 때로는 진실과 다르게 마치 자신이 문고리 권력 또는 복심인 것마냥 '자가발전'하는 정치인들도 있다. 그중에는 지나고 보면 사실 변방에서 서성거리기만 했던 사람들도 있다. 그럼에도 그들이 복심 흉내를 낸 이유는 그렇게 해야 자신이 계파에서 인정받고 언론에서 볼 때 뭔가 중요한 사람이라는 인식을 주기 때문이다.

코미디 같은 계파 정치의 사례는 매우 많다. 그중에서도 기네스북에 오를 만한 사건이 하나 있다. 바로 2008년 총선에서 있었던 '친박연대'와 '친박 무소속연대'의 돌풍이다. 당시 총선에서 공천권을 쥔 친이계가 친박계를 '학살'하면서 이들이 당을 뛰쳐나와 '친박'을 간판에 걸고 선거운동을 벌였다. 그 결과 친박연대는 14명, 친박 무소속연대는 12명이 당선됐다. 이들을 합치면 원내 교섭단체(20명)를 결성하고도 남는다. 민주주의 국가 중 어디에서도 특정 정치인의 이름을 딴 정당이 존재하고, 소속 정치인을 이렇게 많이 당선시켜주는 곳은 없다.

이들이 존재했던 이유는 오직 하나다. 친박이란 이름을 걸고 당선하는 것 말이다. 그런데 이들 중 다수가 지금까지 현역 정치인으로 활동 중이다. 수장인 박 전 대통령이 사라져버린 지금, 그들은 무엇을 위해 정치를 하고 있는가. 상상조차 할 수 없는 헌정 초유의 사건으로 박 전 대통령의 정치 생명이 끝났을 때 이들은 어떤 책임을 졌는가. 친박이란 이름으로 박 전 대통령이 몰락하기 직전까지 그 옆에서 단물만 빨아먹던 사람들은 도대체 어디서 무엇을 하고 있는가. 이제 단맛이 사라지니 쓴맛을 보기 싫어 그냥 뱉어버린 것은 아닌지 묻고 싶다.

민주주의 사회에서 계파 정치는 존재해서는 안 될 구태라 할 수 있다. 그럼에도 만일 계파 정치를 하겠다면 적어도 패전 후 일본의 우익 정치인들처럼 해야 한다. 물론 이들의 사악한 제국주의적 침탈 행위는 큰 비판을 받아야 하지만 계파 정치라는 관점에서 보면 적어도 친박 정치인들보다는 의리가 있었다고 할 수 있다. 잠깐 예를 들어보겠다.

일본이 패망한 1945년 8월 15일 여명 즈음, 육군 대신 아나미 고레치카阿南惟幾는 "나는 천황폐하께 죽음으로써 사죄한다"라는 유언장을 쓰고 할복했다. 그리고 침략전쟁을 이끌었던 우익 정치인과 군부의 비장함은 국민 앞에 진심으로 다가왔다. 그들의 제국주의는 백번 지탄받아 마땅하지만, 적어도 할복으로써 책임을 지려는 자세는 일본인의 마음을 움직였던 것이다. 그리고 일본 국민은 보수우익에 다시 나라를 맡겼다. 패망의 주범 중 하나였던 우익 정치인 요시다 시게루吉田茂와 기시 노부스케岸信介(이들은 각각 아베 신조 총리와 아소 다로 전 총리의 외조

부다)는 전후 일본을 재건하는 데 큰 역할을 했다. 아나미의 할복처럼 정치적 책임을 지는 보수가 없었다면 이들은 다시 집권할 기회조차 얻지 못했을 것이다.

물론 이 이야기는 한국의 계파 정치인들도 보수 실패의 책임을 지고 극단적 선택을 하라는 말이 아니다. 진심을 다해 계파 수장을 주군으로 모셨다면, 또 그 옆에 붙어 소금물처럼 마실수록 목마른 권력을 함께 누리며 영화를 맛봤다면, 자신의 행동에 책임을 져야 한다는 말이다. 자유한국당에는 아직도 친박, 친이로 활동했던 정치인들이 대다수다. 전부는 아닐지언정, 적어도 각 계파에서 실세로 활동했던 사람들이라면 이젠 그만 알아서 물러나는 것이 국민에 대한 마지막 도리가 아닐까.

전문가의 함정

"전문가는 많은데 지식인은 없다."

유럽에서 가장 뜨거운 철학자 중 한 명인 슬라보예 지젝Slavoj Zizek이 한국을 방문해서 한 말이다. 우리 사회 전반에 대한 문제 제기이기도 하지만, 현재의 보수 정치권에 딱 들어맞는 표현이기도 하다. 그렇다면 전문가와 지식인은 무엇이 다를까, 또 그것은 왜 문제일까?

전문가는 그 속성상 질문에 대한 해결책을 찾는 사람이다. 그래서 어떤 문제가 발생하면 바로 해답을 내놓는다. 갈등과 분쟁이 생겼을 때 전문가를 찾는 이유도 그 때문이다. 이런 의미에서 보면 적절한 수의 전문가는 꼭 필요하다. 다만 전문가는 많은데 지식인이 없다는 것이 우리 사회의 맹점이다.

전문가가 문제를 푸는 사람이라면, 지식인은 문제를 내는 사람이다. 사회 혼란과 갈등이 발생했을 때 섣불리 대답하기보다는 먼저 왜 그런 일이 생겼는지, 사안을 어떻게 바라봐야 하는지 문제를 제기하는 사람 말이다.

이처럼 전문가가 많아지고 지식인이 부족해진 것은 사회구조 때문이다. 산업화와 자본주의라는 시스템이 인간을 자신의 체제에 맞는 구성원으로 길들인 결과다. 1800년대부터 본격화된 산업혁명은 인간을 바라보는 관점을 크게 바꿔놓았다. 인간의 존엄성과 자율성이 강조됐던 르네상스 시대와 달리 인간을 노동력으로만 생각하게 되었다.

산업시대 이전의 노동자는 전인적 양상을 띠었다. 농부가 농사를 짓고 대장장이가 도구를 만들려면 한 사람이 생산의 전 과정에 참여해야 했기 때문이다. 기술은 도제식으로 세대를 건너 전수됐고, 그 안에서 전통이라는 질서가 인간 사회의 규율을 담당했다. 하나의 제품을 만드는 데에도 가업을 이어 수십 년간 '작품'을 만들어온 장인과 그런 장인을 롤모델 삼아

일을 배우는 도제 여러 명이 있었다. 도제는 장인에게 일을 배우며 언젠가 자기 혼자서도 우마차를 만들 수 있을 거라는 기대를 품고 일했다.

그러나 산업화 시대의 노동자는 분업화의 틀 안에서 자신이 맡은 한 부분만을 담당하게 된다. 공장 노동자는 그 누구도 혼자 자동차를 만들 수 없다. 한 대의 자동차를 만들기 위해 수천 명의 노동자가 분업하여 작업하기 때문이다. 따라서 자기가 맡은 업무에만 익숙할 뿐, 그 밖의 업무엔 문외한이나 다름없다.

정도와 방식의 차이가 있을 뿐 무대를 공장에서 사회로 옮겨도 원리는 비슷하다. 사회가 발전하고 직업이 다양하게 세분화될수록, 시장이 더 많은 상품과 서비스를 만들어낼수록 더욱 많은 분업들이 생겨난다. 과거 인간이 100가지의 일에 관여하고 살았다면, 현대 인간은 열 가지도 채 안 되는 일을 집중적으로 반복하며 살고 있다.

그렇다 보니 지금까지는 다방면에 걸쳐 다양한 지식을 쌓은 사람, 오랜 경험을 통해 인생의 지혜를 갖춘 인재 등이 큰 대우를 받지 못했다. 그보다는 한 분야를 깊이 파고, 자신의 분야 외에는 관심을 갖지 않아도 되는 이들이 전문가로 대접받고 높은 사회적 성취를 이뤘다.

이는 정치권도 마찬가지다. 국회에는 각 분야에서 화려한 경력을 가진 이들로 넘쳐난다. 무슨 협회장 출신이거나 적어도 자신의 직업에서 일가를 이룬 사람들이 많다. 법조인·의사·약사 등 각 분야의 전문가들이 자신의 직능 분야를 대표해 정치인이 된다. 이들이 한 분야를 깊게 공부해 다른 사람은 범접하기 힘들 만큼 전문성을 갖춘 것은 분명하다. 그러나 그렇게 똑똑하고 유능했던 사람도 국회의원만 되면 '봉숭아 학당'의 철없는 학생이 된다. 도대체 왜 그럴까. 정치권에서 주로 하는 표현을 빌리면 '정치는 종합예술'이기 때문이다. 어느 한 분야를 깊이 판 전문가들의 영역이 아니라는 이야기다. 또 정치를 오래 공부했다고 해서, 관련 학위나 자격증을 땄다고 해서 잘할 수 있는 분야도 아니다.

정치를 잘하기 위해서는 인간에 대한 깊은 성찰과 합리적 의사결정을 내릴 수 있는 능력이 필요하다. 따라서 한 분야의 전문가보다는 다양한 분야를 섭렵한 통섭統攝의 인재가 정치인으로 훨씬 적합하다. 만일 해당 분야의 전문가가 필요하다면 국회의원 밑에 유능한 보좌진을 채용하면 된다. 이를 위해 4급 보좌관 두 명, 5~9급 비서관, 비서 등이 존재하는 것이다.

국회의원이 전문가여야 한다는 생각은 산업화 시대의 편견이다. 오히려 해당 분야에 오래 관련되어 이해관계가 깊을수록 입법과 정책 결정 과정에서 기업과 이익단체의 영향과 로비에 쉽게 좌우된다. 특정 분야의 지식과 전문성보다는 보편적 의사결정 능력, 공공의식과 도덕성 등이 더욱 필요하다는 이야기다.

앞으로 정치인들은 전문가의 함정에 빠지는 일을 더욱 경계해야 한다. 특히 보수 정치에서는 비례대표가 마치 직능대표인 것처럼 여겨지는 일이 많았다. 전문가는 관련 이익단체의 표를 쉽게 모을 수 있고, 각종 협회장 출신일 경우 스펙도 나쁘지 않기 때문에 유권자를 혹하게 할 수도 있다. 하지만 비례대표는 말 그대로 국민의 대표성에 비례해 뽑는 자리다. 그런데 과연 특정 직능단체의 대표가 일반 국민을 대표하는 속성을 가졌다고 할 수 있을까.

다문화 인구를 한번 생각해보자. 국내 다문화 인구가 100만 명을 넘어선 지는 꽤 오래됐다. 그런데 국회에 이들을 대표하는 자리가 있는지 묻고 싶다. 탈북자, 장애인 등 사회적 약자도 마찬가지다. 비례대표는 지역구 선거에서는 당선되기 힘들지만, 국민 대표성이 필요한 이들을 위해 만들어진 제도다. 하지만 지금까지는 마치 직능대표가 가는 자리거나, 당의 실세와 친한 사람들이 맡는 자리인 것처럼 오해를 받았다.

전문가 출신 정치인들의 또 다른 문제는 자기 분야가 아닌 것에 대해서는 상상하기 어려울 만큼 무지하거나 관심이 없다는 점이다. 앞서 지적한 것처럼 정치인이 갖춰야 할 첫 번째 역량은 상식과 교양의 관점에서 올바른 의사결정을 내리는 능력이다. 그런데 전문가로 성공한 이들은 초중고 입시 전쟁에서 승자가 되고, 명문대에 진학해 개인적으로 높은 성취를 이룬 경우가 대부분이다. 본인의 직업 분야에 매진하다 보니 인문적 성찰과 소양이 부족한 경우도 많다.

심지어 법률에 대한 이해가 떨어지는 이들도 있다. 국회의원 개개인은 국민의 대표로 헌법이 명령한 하나하나의 독립된 기관이다. 적어도 헌법과 국회법에 대해서는 충분히 숙지하고 있어야 하는 것이 기본인데도, 법조인 출신을 제외하고 이런 소양을 갖춘 정치인은 많지 않다. 아이러니하지만 법을 만드는 사람인데 법을 모른다는 것이 현실인 셈이다.

요약하면 정치인은 스페셜리스트가 아니라 제너럴리스트여야 한다. 해당 분야에서 깊이 있는 지식을 자랑하는 전문가라 하더라도 다양한 경험과 인문적 고민이 부족한 사람이라면 정치를 하면 안 된다. 숲을 보지 못하고 나무만 보는 깊은 전문성은 인식의 틀을 좁게 만들어 국회에서의 원만한 합의와 토론을 방해할 수 있다.

과거 조선 시대의 정치인이 현대 사회의 정치인과 달랐던 점은 그들 모두 정치인이기 전에 지식인이었다는 점이다. '선비'로 불리며 삶의 이치와 세상의 진리를 좇던 학문하는 이들이었다. 비록 후기 조선이 붕당정치로 물들며 파행을 겪기도 했지만, 그들은 기본적으로 인간과 사회의 본질을 깊이 탐구하고 고민하는 교양인이었다. 실리를 따르되 명분이 있어야 움직였고, 적어도 본인의 사리사욕을 채우는 일을 낯부끄러워할 줄은 알았다.

콘텐츠 없이 요란한 빈 수레

개개인의 입법 능력과는 무관하게 진보 정치인이 보수 정치인보다 뛰어난 분야가 있다. 특정 프레임을 만들고 논리와 이념으로 무장해 이를 조직적인 어젠다로 키워가는 일이다. 진보 정치인의 주류를 이루는 586세대는 젊은 시절부터 민주화 투쟁을 해왔고, 이를 사상적으로 발전시키기 위한 이론화의 경험도 있다. 오랜 시간 한국 사회의 기득권이었던 국가주의와 권위주의를 깨기 위해 더욱 처절하게 고민하고 전략을 세워야 했기 때문이다.

그렇다 보니 의제를 만들고 이를 확산시키는 능력은 보수에 비해 진보 정치인들이 조금 더 앞선다. 상대적으로 보수 정치는 오랫동안 기득권의 입장이었던 데다, 반공 이데올로기에 기대 반사 효과를 오래 누려왔기 때문에 직접 콘텐츠를 만들어야 한다는 부담이 적었다. 따라서 보수 정치인 중에는 치열하게 고민할 줄 아는 능력 있는 사상가가 상대적으로 부족하다.

그러나 콘텐츠가 없어도 수레가 요란하면 잘 굴러간다. 그

것이 한국의 정치 현실이다.

수년 전 국회에서 있었던 일이다. 당시 여당인 한나라당은 국회에서 야당과 대치 중이었고, 본회의장 내에서 치열한 몸싸움이 예고돼 있었다. 그 전날 재선의 한 정치인이 했던 말이 지금까지도 또렷이 기억에 남아 있다.

“내일 본회의장에서 또 한 번 활약을 해야지. 야당이랑 싸울 때는 나만의 노하우가 있어. 튼튼하고 좋은 옷을 안 입어. 대신 시장에서 산 저렴한 옷을 입는 거야. 왜 그런지 알아? 그래야 잘 찢어지거든. 옷이 찢어지고 그래야 뭔가 열심히 한 티가 나잖아. 그래서 나는 국회 대치 상황이 벌어지면 항상 잘 찢어지는 옷을 입지. 이게 내 노하우야.”

실제로 이 보수 정치인은 다음날 본인의 의도대로 엄청난 ‘활약’을 했다. 시원하게 옷이 찢어진 장면이 사진기자의 카메라에도 잡혔고, 그 일이 있고 난 뒤 당 지도부로부터 큰 칭찬을 받았다는 후문이다. 당시엔 웃고 넘겼던 일이지만, 지나고 볼수록 가슴 아프고 안타깝다. 초선도 아닌 재선 정치인의 인식이 이 정도라면 도대체 이 나라의 국회는 왜 존재하는 걸까.

나는 이 정치인과 무수한 대화를 나눴고 또 국회에서 그의 발언도 유심히 지켜보았다. 그가 인간적으로 좋은 사람이라는 것은 인정하지만, 헌법기관으로서 법을 만들고 국민을 대표하는 국회의원의 역량을 갖고 있는지는 의심이 들 때가 많았다. 물론 그는 야당과의 싸움에선 뛰어난 전투력을 보였다. 당 지도부는 바른말을 하며 입법 활동을 열심히 하는 사람보다는 이런 정치인을 더 아꼈을 것이다.

그렇다면 이런 일이 왜 발생하는가. 당 대표 중심의 제왕적 구조 때문이다. 상대적으로 집단지도 체제의 성격이 강한 진보와 달리 보수는 특정 인물의 리더십과 카리스마에 기대는 경우가 많다. 김영삼, 이회창, 이명박, 박근혜 등 특정 인물 중심으로 계파가 형성되고 계파를 중심으로 당이 운영된다. 따라서 계파의 수장, 또는 당 대표가 가진 권한도 막강하다.

대표의 권한이 막강할수록 당이 일사불란一絲不亂하게 움직인다는 장점도 있지만, 그 운영방식은 민주적이기 어렵다. 앞서 잘 찢어지는 옷을 입고 '투쟁'에 나선 정치인들이 당 대표와 지도부로부터 '예쁨'을 받고 이들이 요직을 차지하며 다음 번 공천에서 유리한 고지를 점한다. 정치인의 지상 최대 목표는 '재선'이다. 과거 보수 정당은 공천이 곧 당선인 지역이 많았다. 그러므로 공천에 목을 매는 정치인일수록 당 대표와 지도부의 말을 잘 들어야 한다. 또 당 대표는 자신의 권력 기반을 강화하기 위해 자기에게 필요한 사람들을 영입하고 공천하려고 한다.

그러나 정계가 공천이 아닌 '사천'을 해온 행태는 이미 수없이 보아온 것이다. 2018년 6월 지방선거에서도 다수의 보수 정치인들이 당의 공천을 받지 못해 탈당 후 무소속으로 출마했다. 다수의 언론 보도에 따르면 2016년 국회의원 선거 때도 친박을 중심으로 비박에 대한 공천 배제가 있었다. 2008년에 당시 주류였던 친이계가 친박 의원들을 공천하지 않아 전국적인 '친박연대', '친박 무소속연대' 돌풍이 일어난 것도 원칙과 기준에 따른 공천을 하지 않고 '사천'을 한 것이 문제였다.

이렇게 뽑힌 정치인들이 국민이 아니라 자신을 그 자리에 앉혀준 유력 정치인에게 충성을 하는 것은 불 보듯 뻔한 일이다. 자연히 능력 있는 사람보다는 '잘 싸우고', '말 잘 듣는' 정치인이 당에서 우위를 점하는 경우가 많다. 국민의 대표로서 일 잘 하는 사람이 정치인이 되기보다, 힘이 센 누군가에게 잘 보이는 사람이 정치인이 되는 지금의 구조로는 보수 정치는 물론, 대한민국의 미래까지 암울하다.

소수의 유력자가 막강한 힘을 휘두를 수 있는 구조는 비민주적이고 수직적인 당내 문화를 만든다. 유력 정치인이라 할 수 있는 한 국회의원은 과거 여성 정치인을 향해 공공연히 '가시나'라고 불렀다. 지금도 그가 이런 표현을 쓰는지는 모르겠지만, 당시에는 그의 발언이 큰 논란이 되지 않았다. 그만큼 익숙한 일이었기 때문인지는 몰라도, 누구도 문제를 제기하거나 지적하지 않았다. 나는 지금도 그가 이런 발언들에 대해 사과했다는 말을 들어본 적이 없다.

그러나 앞으로 보수 정치가 새롭게 태어나려면 이런 일부터 없어져야 한다. 정치권 개혁을 이야기하면서 늘 공천 문제가 도마에 오르지만 한 번도 제대로 개선된 적이 없다. 이제는 정말로 공천 개혁이 필요한 때다.

명분과 실리? 사익만 있을 뿐

영화 〈범죄와의 전쟁〉에서 최익현(최민식)은 김판호(조진웅)가 관리하는 나이트클럽을 차지하기 위해 명분을 찾는다. "제 아무리 건달이지만 명분이 있어야 쳐들어갈 수 있다"라는 최형배(하정우)의 말 때문이다. 깡패라도 사람들이 납득할 만한 이유가 없으면 공격할 수 없다는 설명이다.

결국 최익현은 명분을 만들기 위해 매제인 김서방(마동석)을 데리고 김판호의 조직에 들어갔다가 일부러 시비를 걸어 두들겨 맞는다. 굴욕을 당하고 물에 빠진 생쥐처럼 도망쳐 나온 최익현은 인근에 숨어 있던 최형배와 조직원들을 데리고 다시 김판호를 공격한다. 결국 처음 계획했던 대로 최익현은 김판호의 '나와바리'를 '접수'하는 데 성공한다.

영화에서 묘사된 것처럼 건달의 세계에서도 명분은 중요하다. 하물며 정치는 어떨까. 과거 《삼국지》나 《초한지》 같은 고전을 보면 그 시대의 리더들은 명분에 따라 움직였다. 명분은 일반 국민이 상식과 교양의 선에서 수긍할 수 있는 논리를 말한다. 불섶을 지고 불구덩이에 뛰어들어가도 명분이 있는 사람은 되살아난다. 반면 눈앞에 큰 이익이 보여도 명분 없이 이익을 취하면 결국 일을 그르치게 된다. 그것이 정치의 생리다.

그러나 지난 10여 년간 보수 정치가 해온 일들을 살펴보자. 멀리 갈 것도 없다. 당장 박근혜 전 대통령의 탄핵과 그 이후 친박 정치인들의 행보를 살펴보면 도대체 명분이란 것이 있는가 싶다. 앞에서도 언급했지만 박 전 대통령을 따랐던 그 많은 정치인들, 그들은 무슨 책임을 졌고 어떤 사죄를 했는가. 아마도 그들은 시간이 빨리 흘러 조용히 잊히기만 기다릴 것이다. 무슨 일이 터질 때마다 당의 간판만 바꿔 달았을 뿐 내용은 그대로다. 사람도 바뀌지 않았고 생각도 변하지 않았다. 도대체 무슨 명분으로 국민을 설득하려 하는가.

명분이 없으면 실리라도 있어야 하는데 그렇지도 않다. 지난 10여 년간 보수 정치가 국민에게 안겨준 실익은 무엇인가. 2007년 대통령 선거 당시 친이계의 핵심이었던 한 정치인은 이런 말을 했다.

"이명박 후보는 타고난 사업가야. 서울시장을 하다 왔으니까 당 기반이 약했지. 그래서 정치인과 당원들을 찾아다니며 설득을 했어. '내가 당선되면 네게 이런 이득이 있다'라고 직접적으로 말한 거지. 그러면서 당 기반을 장악하기 시작한 거야."

실제로 이 후보는 박 후보를 따돌리고 한나라당의 대선 주자가 됐다. 그리고 이 후보의 대국민 메시지는 오직 하나였다. 본인처럼 부자가 되어 잘살게 해주겠다는 것이다. 그러나 그 이후 국민의 삶은 얼마나 좋아졌을까. 과거 어느 한 정치인의 표현대로 '살림살이'가 정말 나아졌는가.

절대 그렇지 않다. "잘살게 해주겠다"라고 외치던 사람들 본인의 삶만 풍요로워졌을 뿐이다. 그들은 수많은 이권을 챙겼지만, 국민의 살림살이는 전혀 나아진 게 없다. 대선 후보를 지지했던 정치인들도 마찬가지다. 이명박·박근혜 전 대통령에게 몰려들었던 사람들 중 대다수는 오직 그들이 대통령이 되면 그 후에 자리 하나라도 차지해보고 싶다는 생각으로 열렬히 활동했다. 국민의 공복으로서 봉사하겠다는 생각보다 높은 자리에 오르고 싶다는 욕망과 공명심만이 동기였다고 할 수 있다. 그들에겐 오직 선거 전략만이 유일한 고민거리였으며, 함께 모여 이런저런 세상을 만들고 싶다는 공유된 가치가 존재하지 않았다. 그래서 두 명의 전직 대통령이 모두 구치소에 갔을 때 그들을 따랐던 정치인들 대다수가 이미 등을 돌리고 없었던 것이다. 더 이상 얻을 수 있는 실익이 존재하지 않았기 때문이다.

돌아보면 보수 정치는 그동안 국민에게 명분도 실리도 안

겨주지 못했다. 유일한 작동 원리는 정치인 본인의 사익이었다. 그렇다면 앞으로는 어떻게 해야 할까. 당연히 명분과 실리를 국민에게 돌려주는 것이 필요하다. 국민의 살림살이를 나아지게 만들고, 시민 대다수가 동의할 수 있는 가치와 지향점을 제시해야 한다. 그렇게 하기 위해서는 보수 정치인이, 특히 그 리더가 자기만의 생각과 사상을 가져야 한다. 그저 국민에게 인기가 많다고 해서, 사회적으로 높은 자리에 오른 명망가라고 해서 정치 리더가 되고자 한다면 안 될 일이다.

따지고 보면 이명박·박근혜 전 대통령 모두 사상적으로 빈곤하고, 정책에 대한 고민과 깊이가 부족하다 보니 이미지 중심의 정치를 많이 했다. 특히 박 전 대통령은 워낙 말을 아끼고 수첩에 적힌 말만 하다 보니 제대로 된 검증도 받지 않은 채로 거물 정치인으로 성장해버린 경우이다. 그 과정에서 '짧고 굵게 말하는 박근혜식 화법'이라며 추켜세운 언론의 잘못도 크다.

본인만의 철학과 사상을 가진 정치인이라면 반드시 중요한 연설문은 스스로 쓸 수 있어야 한다. 사고는 언어를 통해 굳어지고 발전한다. "내가 아는 세상의 한계는 곧 내가 갖고 있는 언어의 한계"라는 루드비히 비트겐슈타인Ludwig Wittgenstein의 말처럼 자신만의 논리로 글을 쓰고 말할 수 없는 사람은 정치인으로서 자격이 없다.

“언어는 존재의 집”(마르틴 하이데거)이기 때문에 자신의 생각을 자기만의 언어로 오롯이 밝힐 수 없다면, 그 사람은 본인만의 철학과 사상이 없는 사람이다. 아마도 박 전 대통령이 토론회 등에서 논점을 벗어나며 다른 이야기를 하곤 했던 것은 이런 생각의 빈곤 때문이 아니었을까. 자유롭게 질의응답이 오가는 기자회견을 꺼렸던 것도 같은 이유에서였을 것이다.

4장

새로운 보수의 탄생

새로운 보수의 탄생

진짜 보수의 흐름

근대 정치는 사회계약론에서 시작된다. 자유로운 인간의 권리를 충분히 보장받기 위해 인간은 사회계약을 맺어 국가에 위임했고, 만일 국가가 개인의 자유를 억압하고 불법적 폭력을 행사한다면 국가를 전복할 수 있는 저항권을 약속했다(존 로크). 따라서 국가의 구성원인 국민은 국가의 부당한 권력 사용에 대해 문제를 제기할 수 있고, 법치로써 시민의 자유를 인정받아야 한다.

이처럼 근대 정치의 발전은 자유가 확대되는 과정이었다. 35년간 일제의 식민통치로부터 우리 민족이 얻고자 했던 것도 자유였고, 미국의 독립선언과 노예해방 역시 자유를 쟁취하기 위해서였다. "자유가 아니면 죽음을 달라"라는 미국의 정치가 패트릭 헨리Patrick Henry의 말처럼 자유는 인간이 인간다울 수 있는 최소한의 조건이다.

그러나 자유를 추구하는 목적은 같아도 방법은 다를 수 있다. 바스티유 감옥 습격으로 촉발된 급진적인 프랑스혁명은 대중의 힘으로 절대왕권을 무너뜨렸지만, 그 이면엔 엄청난 인명 피해가 있었고, 혁명 이후의 사회도 갈등과 혼란이 팽배했다.

이와 달리 영국이 민주주의를 발전시킨 과정은 프랑스처럼 급진적이지 않았다. 영국은 안정적이고 점진적인 변화를 추구하면서 보수주의적 민주주의를 발전시켰다. 영국의 부르주아는 명예혁명과 권리장전을 통해 왕과 국가로부터의 자유를 보장받았다. 프랑스혁명처럼 피를 흘리지 않았다는 의미에서 '명예'라는 수식이 붙는다. 그럼에도 이들이 얻어낸 것은 어마어마한 것이었다. 종교와 표현의 자유, 법의 지배와 삼권 분립 등 시민의 권리를 국가로부터 처음 인정받았다.

오늘날 우리가 정치의 기본이라 믿는 민주주의와 선거 제도, 정당 정치 등은 모두 천부인권으로서 자유를 보장받고 자유를 제도화하는 장치들이다. 영국과 프랑스가 추구한 것은 본질적으로 '자유'라는 점에서 같았지만, 이를 획득하는 방식은 사뭇 달랐다. 그것이 오늘날 보수와 진보를 구분하게 된 핵심 기준 중 하나다.

영국식 민주주의의 발전 과정에는 시민의 자유를 위해 최전방에서 투쟁했던 부르주아, 즉 보수주의자가 있었다. 이는 보수주의의 본질은 자유주의라는 이야기다. 그만큼 자유는 보수 정치의 근원적 개념이고, 보수주의에서 파생되는 다른 모든 이념과 사상(다양성, 관용, 개방 등) 중 가장 핵심적인 가치이다. 국민 개개인의 자유가 최대한으로 보장될 때 국부가 가장 커질 수 있으며(애덤 스미스), 국가 권력의 남용을 견제해 자유와 정의를 지켜야 사회가 바로 선다(에드먼드 버크)는 이론들도 시민의 자유를 강조하고 있다. 스미스와 버크는 각각 보수주의의 경제·정치적 이론의 틀을 만든 '파운더스founders, 창립자들'이다.

그러나 앞서 지적한 것처럼 한국의 보수는 이와 정반대다. 한국에서 자유를 쟁취하기 위해 싸웠던 이들은 오늘날 진보 세력으로 불린다. 반면 현재 보수 정치의 주류를 차지하고 있는 이들은 과거 국가주의 세력의 이데올로기를 답습하는 권위주의 세력이다. 이러한 차이 때문에 유럽과 한국의 보수와 진보를 비교하는 것은 매우 어려운 일이다. 어쩌면 처음부터 한국의 보수에게 유럽의 보수와 같은 역할을 기대하는 것은 불가능한 일인지도 모른다. 유럽은 오랜 역사를 거치면서 민주주의를 점진적으로 발전시킬 만한 시간이 있었지만 우리는 그렇지 않았기 때문이다.

민주화의 역사를 돌아볼 때 우리는 불과 50여 년 만에 유럽의 시민들이 수백 년간 이룬 것을 한꺼번에 달성해야 했다. 그런 사정이 있었으므로 한국의 보수가 정통이 아닌 샛길로 빠진 것이라고 위안해볼 수도 있겠다(이와 관련하여 한국의 자유주의가 어떻게 곡해되고 변질됐는지, 그 원인과 과정을 다음 장에서 자세히 살펴보겠다).

이런 의미에서 한국의 보수를 고민하려면 유럽보다는 미국과 비교해보는 것이 더 낫다. 미국 역시 '보수'해야 할 전통과 유산이 없는 상태에서, 무에서 유를 만든 나라이기 때문이다. 다만 미국 건국의 아버지들은 국가의 주춧돌을 세우는 과정에서 영국과 프랑스의 민주주의 사상을 많이 체화해 받아들였다. 그 핵심은 사회계약론과 자유주의 전통이다.

1776년 미국의 〈독립선언문〉은 기본적으로 사회계약론과 자유주의 이념을 전제로 작성됐다.

> 모든 사람은 평등하게 태어났고 생명과 자유, 행복 추구권은 양도할 수 없는 권리다. 이를 확보하기 위해 국가를 조직했으며, 국가의 정당한 권력은 국민의 동의로부터 나온다. 어떤 형태의 국가든 이 목적을 파괴할 때는 언제든 새로운 국가를 세울 수 있다.

위와 같은 독립선언문의 핵심 내용은 모든 사람은 평등하고 자유롭다는 천부인권, 국가의 권력은 국민에게서 나온다는 주권재민, 잘못된 국가는 전복할 수 있다는 저항권 등으로 요약된다. 그리고 이 같은 시민의 권리를 확보할 수 있는 가장 본질적인 장치로 나온 것이 '수정헌법 1조(표현의 자유)'이다.

"종교와 언론 및 출판의 자유와 집회 및 청원의 권리: 연방의회는 국교를 정하거나 또는 자유로운 신앙 행위를 금지하는 법률을 제정할 수 없다. 또한 언론·출판의 자유나 국민이 평화롭게 집회할 수 있는 권리, 불만 사항의 구제를 위해 정부에 청원할 수 있는 권리를 제한하는 법률을 제정할 수 없다."

즉, 보수·진보를 떠나 미국 정치에서는 '자유주의=민주주의'가 기본이다. 그런 의미에서 '자유민주주의'로 붙여 쓴다. 이런 관점에서 미국의 원조 보수들은 시민의 자유를 매우 중요하게 여겼다. 훗날 공화당의 원류가 되는 자치주의자들은 연방주의자(해밀턴주의자)와 달리 각 주의 독립과 개별적 운영을 강조했다. 이들은 3대 대통령인 토머스 제퍼슨Thomas Jefferson의 노선을 따랐다고 해서 제퍼슨주의자로 불린다. 반대로 연방주의자는 건국 공신 중 한 명인 알렉산더 해밀턴Alexander Hamilton의 이름을 땄다.

강력한 국가를 꿈꾼 해밀턴주의자와 달리 제퍼슨주의자는 중앙집권제에 큰 불신을 가지고 있었다. 이들에게 사상적 영향을 끼친 사람은 자유주의자 애덤 스미스와 사회계약론자인 존

로크였다. 자치는 시민의 자유를 최대한 확보하는 방안이며, '리바이어던'이라는 국가의 거대한 권력이 살아나는 것을 막는 현실적 장치였다. 오늘날 '작은 정부'로 이어진 보수의 이념적 흐름은 이때부터 생겨난 것이라고 볼 수 있다.

그러나 완벽한 민주주의의 가치 아래 건국된 미국도 시간이 흐르면서 내부의 갈등이 폭발했다. 노동자 중심의 산업이 많은 북부와 노예를 활용한 플랜테이션 농업이 핵심인 남부가 서로 총칼을 들이댔다. 이때 제퍼슨주의의 전통을 이어온 북부 정치인들은 노예 해방을 기치로 공화당을 창당했다. 그리고 공화당 후보인 링컨이 대통령에 당선됐고, 전쟁에서도 승리했다. 이후 공화당은 20세기 초까지 국민의 강렬한 지지를 받으며 보수의 시대를 열었다.

이처럼 보수 정당인 공화당의 역사는 자유를 위한 투쟁의 역사였다 해도 과언이 아니다. 현대 미국 정치에서는 민주당이 정치·사회적 관점에서 좀 더 자유를 강조하는 입장이지만, 이는 정도의 차이일 뿐 본질은 같다. 다시 말해 자유의 관점에서 보면, 미국 공화당과 민주당의 거리가 같은(?) 보수 정당인 공화당과 자유한국당의 거리보다 훨씬 가깝다는 이야기다. 얼마 전까지 한국 사회의 '리바이어던'과 같았던 국가보안법이라는 괴물은 미국 건국의 아버지들조차 용납할 수 없는 일이기 때문이다.

그런데 여기서 한 가지 짚고 넘어갈 것은 미국과 유럽의 이념적 지형이 매우 다르다는 점이다. 미국은 독립선언과 함께 민주주의를 수입하는 과정에서 자유주의적 입장을 근간으로 삼았다. 상대적으로 유럽의 진보 이데올로기인 사회주의가 싹을 틔우지 못했던 것이다. 그 원인은 미국이 이주민의 나라였기 때문이다. 이들은 각자 유대계, 아일랜드계 등 민족적 뿌리에 따라 갈라졌다. 유럽에서처럼 노동자들이 단일대오를 형성해 계급화하는 데 실패한 것이다. 그리고 이후 자본주의가 고도로 발전하면서 미국의 정치 지형 전체는 유럽에 비해 '우클릭'했다고 할 수 있다.

그러므로 유럽 좌파 정치·지식인의 시각에서 보면 미국의 공화당이나 민주당은 같은 우파의 우산을 쓰고 있는 셈이다. 예외적으로 버니 샌더스 같은 이들이 사회주의적 관점에서 진보의 목소리를 내고 있을 뿐이라는 생각이다.

지금까지 살펴본 것처럼 자유주의는 보수의 근원이다. 아니, 보수뿐 아니라 민주주의 사회의 핵심 원리다. 자유주의가 전제되지 않은 나라는 올바른 민주주의 국가라고 할 수 없다. 그렇다면 지금까지 대한민국은 무슨 정치 체제를 이뤄왔단 말인가. 우리가 실행해온 것은 민주주의가 아니었단 말인가? 이에 대한 답은 다음 장에서 자세히 살펴보겠다. 바로 '한국적 민주주의'의 민낯에 대해서 말이다.

한국의 반쪽 민주주의

"나는 대한민국의 안전과 자유민주주의 체제를 지키기 위해 공안검사를 한 것밖에 없다. 내가 다른 비리가 있나, 고문을 했나?"

부림사건을 담당했던 검사의 말이다. 그는 박근혜 정부 때 방송문화진흥회 이사장을 맡았고, 당시 문재인 더불어민주당 전 대표를 향해 '공산주의자'라고 발언했다가 손해배상 판결을 받았다.

취임 전의 일이긴 하지만 우리는 대통령을 향해 '공산주의자'라고 불러도 남영동에 잡혀가지 않는 자유로운 사회에 살고 있다. 이번 장에서 굳이 이 사람의 이야기를 꺼내는 이유는, 그가 지키고자 했던 '자유민주주의 체제'가 무엇인지 파헤쳐보기 위해서다. 부림사건은 사회과학 독서모임을 하던 학생·교사·직장인 등이 국가보안법 위반 혐의로 처벌된 사건이다. 그런데 당시 이들이 한 일은 소위 불온서적이라고 불리는 책들을 돌려 보았다는 것뿐이었다.

곰곰이 생각해봐도 책을 읽고 토론하는 것이 왜 죄가 되는지 알 수 없다. 진짜 민주주의 사회를 살아가고 있는 지금의 현실에서는 도무지 이해되지 않는 일이다. 그런데 이 사건이 벌어졌던 시대가 국가주의 사회, 즉 독재사회였다면 이야기는 달라진다. 독재 권력은 법이 아니라 자신들의 생각에 반하는 모든 것을 범죄로 보기 때문이다. 부림사건은 그 시절 우리의 정치·사회 체제가 결코 민주주의 사회가 아니었다는 것을 보여준다. 그렇다면 이 사건을 담당했던 공안검사는 독재국가에 살면서 왜 '자유민주주의 체제'를 수호한다고 말했을까. 또 수십 년이 지난 지금까지도 그렇게 믿고 있는 걸까. 그가 지키고자 했던 '체제'는 과연 무엇이었는가.

이를 이해하기 위해서는 1945년 이후 해방공간으로 돌아가야 한다. 원래 자유주의는 보수주의의 본질이다. 왕으로부터 시민의 자유를 얻기 위해 투쟁한 부르주아들이 보수의 모태이기 때문이다. 독립선언문과 수정헌법을 쓴 미국 건국의 아버지들이나 노예해방 전쟁을 벌인 링컨의 공화당 모두 자유를 최고의 가치로 여긴 자유주의자들이다. 따라서 보수주의자는 개인의 권리 중 자유를 최우선으로 삼았고, 자유와 평등이 대립할 때는 자유의 손을 들었다.

그러나 19세기 후반과 20세기 이후 민주주의는 전례 없던 경험을 하게 된다. 러시아와 중국의 혁명, 두 차례의 세계대전을 거치며 민주주의에 대립하는 사회주의가 유력한 정치·사회 체제로 떠오른 것이다. 그러면서 자유주의 국가들은 큰 위협을 느꼈다. 특히 미국은 자유주의 토대 아래 세워진 나라지만, 사회주의 사상과 그에 대한 표현이 난무하는 것에 대해서는 예민한 반응을 보였다. 1950~1954년 불어닥친 매카시즘McCarthyism의 광풍이 그 예이다.

이처럼 미국을 비롯한 서방 국가들이 사회주의에 한창 민감했을 무렵이 바로 대한민국의 해방공간이다. 그로부터 얼마 후 터진 6·25전쟁은 동서 냉전의 대리전 양상을 띠었다. 그리고 이때 한국에 이식된 서방의 자유민주주의는 미국의 건국 세력들이 건국의 이념으로 삼았던 자유주의와 본질적으로 달랐다. 한국의 '자유민주주의'는 사회주의에 대립되는 개념, 즉 변질된 자유주의였고, 정권을 잡은 국가주의 세력들은 이를 국가의 정체성으로 삼았다.

여러 번 이야기했지만 본래 자유주의는 왕권에 대항하여 시민의 권리를 확대해가는 과정에서 탄생했다. 영국과 프랑스, 미국 등은 모두 이런 자유주의의 본질적 전통이 있었기 때문에 매카시즘과 비슷한 이념의 광기도 오래가지 못했다. 자유주의를 바탕으로 한 이성적 민주 의식과 질서가 광기를 제압했다. 그러나 해방공간의 한국은 달랐다. 우리는 자유를 얻고 민주화를 한 것이 아니라, 민주주의를 이식받은 상태에서 자유주의가 주어졌다. 자유주의의 토대가 건실한 나라에서는 잠시 불고 지나간 광기가 한국에서는 반세기가 넘도록 이어진 것이다.

최장집 고려대 명예교수의 설명에 따르면, 민주주의가 국가의 핵심 정치 체제로 수용될 수 있었던 것과 달리 자유주의의는 사실상 '냉전 반공주의'를 의미하면서 이념 갈등의 핵심축이 되었다. 즉, 원래의 자유주의는 온데간데없이 사라지고 사회주의·공산주의의 반대 개념으로만 작동했다는 이야기다. 그런 의미에서 보면 사실상 독재를 꾀했던 이승만 정권의 여당 이름이 왜 '자유당'이었는지도 이해된다.

당시 한국의 집권 세력도 전쟁과 분단의 갈등을 치유하기 위해서는 무엇보다 '내부 결집'이 필요하다고 생각했다. "뭉치면 살고 흩어지면 죽는다"라는 유명한 말도 그런 맥락에서 나왔다. '절대악'인 휴전선 너머의 '빨갱이'를 '때려잡으려면' 스스로 괴물이 되어야 했다. 국가는 홉스가 말한 리바이어던 같은 세속의 신이 되어야만 나라의 안위와 국민의 생명을 지킬 수 있다고 믿었다.

이처럼 대한민국에 처음 이식된 자유주의는 진짜 자유주의가 아니라 변질된 냉전 반공주의 리바이어던이었던 셈이다. 그런 의미에서 한국에서의 자유는 오직 '반공의 자유'만 있었다고 볼 수 있다. 그리고 이런 맥락에서 부림사건의 공안검사가 왜 자신은 자유민주주의 체제를 수호했다고 하는지도 납득할 수 있다. 그러나 실상 그가 수호했던 것은 진짜 자유주의가 아니라 냉전 반공주의였던 것이다. 이는 박정희 정권 때 사용된 '한국적 민주주의'와도 같은 맥락이다.

그런데 '반공'을 위한 자유민주주의는 어처구니없게도 자유주의의 본질을 심각하게 침해한다. 부림사건처럼 표현의 자유를 구속하고, 그보다 더한 인신의 자유까지 억압하는 일을 거리낌 없이 벌였기 때문이다.

이처럼 자유주의에 대한 잘못된 인식은 보수 정치, 국가주의 세력들의 DNA에 깊이 각인되어 있었다. 북한과 반대되는 것에는 뭐든지 자유민주주의라는 딱지를 쉽게 갖다 붙이는 것이 대표적인 예다. 또 자유민주주의를 지킨다면서 오히려 시민의 자유를 억압하는 코미디 같은 상황도 계속 일어났다. 불과 얼마 전까지만 해도 국가보안법은 모호한 기준과 잣대로 '귀에 걸면 귀고리, 코에 걸면 코걸이' 식의 억압을 국민에게 자행해 왔다. 이처럼 그동안 한국에서 자유주의는 원뜻과는 무관하게 이상한 방식으로 작동했음을 알 수 있다.

자유에 대한 편견, 신자유주의

한편 반쪽 민주주의로 빚어진 자유에 대한 오해에 또 다른 편견을 추가한 것이 신자유주의다. 상식적으로 생각해보자. 자유주의도 제대로 안 되는데 갑자기 신자유주의를 한다는 게 말이 되는가. 수백 년간 이어온 자유주의의 전통 위에 신자유주의를 얹은 미국·영국과 달리 자유에 대한 감수성조차 희미한 한국 사회에 덜컥 신자유주의를 들여오니 탈이 날 수밖에 없다.

신자유주의는 1990년대 후반부터 한국에서 보수와 진보를 구분하는 핵심 기준의 하나로 자리 잡기 시작했다. 원래 경제적 관점에서의 자유주의는 시장의 자유와 국가의 개입을 놓고 팽팽한 줄다리기를 해왔다. 그러나 미국 뉴딜정책의 성공은 정부의 적극적 시장 개입이 자본주의의 모순을 해결한다는 믿음을 주었다. 이후 수십 년 동안 '큰 정부'는 가장 설득력 있는 모델로 평가받았다.

하지만 고인 물이 썩듯 '큰 정부' 아래 기업의 자율성은 떨어지고 노조가 지나치게 비대화하며 산업 전반의 생산성이 낮아졌다. 이때 노동 개혁과 구조조정, 감세 등의 조치로 시장의 자유를 확대하겠다고 나선 것이 신자유주의다. 정치적 측면에서는 영국의 대처나 미국의 레이건을 신자유주의의 효시로 볼 수 있다.

하지만 앞서 지적했듯 '신'자유주의는 그 표현처럼 자유주의의 토대 위에서만 가능하다. 즉, 정치·사회·경제 각 분야에서 보편적 자유가 전제된 나라가 아니라면 그 효용성과 결과가 다를 수 있다. 그리고 그런 부작용이 가장 컸던 나라 중 하나가 한국이다.

한국의 보수 정치가 강조하는 자유의 내용을 곰곰이 살펴보면 대부분 경제적 자유만을 강조하고 있다. 지식인들 사이에서는 주로 경제학자들이 이론 공급의 역할을 맡았고 기업과 재벌, 전경련 등이 전폭적 지원을 했다. 그 때문에 대부분의 보수 정치인 중 자유주의자를 자처하는 사람들은 거의 경제적 자유주의자, 즉 신자유주의자인 경우가 많다. 이들은 특히 노무현 정부 무렵부터 주로 '뉴라이트'라는 이름으로 위세를 떨쳤다. 하지만 아이러니하게도 이런 사람들일수록 정치·사회적 자유, 표현의 자유나 수평적 의사소통에는 관심 없는 이들이 많다. 그런데 자유에 대한 이런 모순적 행태를 보이는 이들을 진짜 자유주의자라고 할 수 있을까. 애덤 스미스는 이런 경제적 자유를 강조하는 이들이 신봉하는 사람 중 한 명이다. 그러나 스미스는 그 어디에서도 시장의 자유만을 강조하지는 않았다. 즉, 스미스를 들먹이며 경제적 자유만을 강조하는 사람은 그의 사상을 온전히 이해하지 못하고 아전인수 격으로 해석한 것이라는 비판을 면하기 어렵다.

사실 스미스가 《국부론》에서 펼친 주장은 그가 먼저 쓴 《도덕감정론》을 전제로 하고 있다. 보이지 않는 손이 제대로 작동하려면 공감의 원리에 기초한 따뜻한 손이 먼저 있어야 한다는 것이다. 이것이 당대 최고의 도덕철학자였던 스미스의 본심이다. 시장에서의 자유는 모든 개인의 행복과 안녕을 위해 존재하는 것이지, 소수의 재벌과 엘리트 정치인의 기득권이 커지는 것을 방임하는 형태여서는 안 된다는 뜻이다.

그런데도 한국의 보수 정치인들은 마치 자유주의가 경제적 자유만을 의미하는 것처럼 여긴다. 물론 보수는 진보와 달리 시장의 자유를 더욱 강조하고 정부의 개입은 최소화하기를 희망한다. 그러나 정치·사회적 자유에는 인색하면서 시장의 자유만 내세우는 것은 무슨 해괴한 논리인가. 또 '복지국가'가 현대 민주주의의 대세로 자리 잡은 지금, 과거와 같은 '작은 정부'는 존재 자체가 불가능하다.

우리는 보수 정치인들이 정부의 시장 개입은 거세게 반대하면서도 국가의 사상 개입에는 쉽게 눈을 감는 행태를 많이 보아왔다. 국가보안법 위반이나 종북 이슈처럼 '국기를 문란하게 하는' 굵직굵직한 사건들만 그런 것이 아니다. 정치권, 특히 보수 진영에서 제기하는 논란의 상당 부분은 본질 자체가 이념과 큰 관계가 없음에도 '종북', '빨갱이'라는 딱지를 붙여 공격한다. 아직도 이런 기술이 먹힐 것이라고 생각하기 때문이다. 이런 프레임은 자신과 다른 상대의 의견은 아예 들어보지도 않고 흑백 논리로 매도한다. 즉 자유주의와는 상반되는 행태다.

그렇다면 보수라는 이름표를 단 권위주의 정치인들은 왜 이런 집단 모순에 빠졌을까. 그들도 나름 우리 사회의 가장 뛰어난 엘리트들이므로 자유주의가 뭔지 몰랐을 리는 없다. 나는 이 같은 문제가 벌어진 이유 중 하나는 보수라는 개념이 가진 근본적 속성 때문이라고 생각한다.

앞에서 보수는 특정 이념과 철학이 아닌 성향과 태도라고 설명했다. 즉, 머리로만 생각하는 개념이 아니라 삶에서 우러나오는 자세라는 이야기다. 성향과 태도는 이념이나 사상보다 무섭다. 생각지도 않은 데서 불쑥불쑥 자신의 정체성이 그대로 드러나기 때문이다.

그런 관점에서 자유에 대해 모순된 보수 정치인들은 아마도 이런 입장일 것이다. 먼저 신자유주의 경제 이론을 머리로 받아들이기는 했다. 1980년대 미국의 레이건이나 영국의 대처는 신자유주의로 큰 성공을 이뤘고, 시장은 계속 그 힘을 키워왔기 때문에 그 흐름을 따르기만 하면 파도를 타고 서핑하는 것처럼 매우 순조로운 일이었다. 그러면서 머리로는 신자유주의, 또 그 모태가 되는 자유주의에 대해 이해했다고 깊게 믿는다.

그런데 문제는 몸과 행동이다. 보수는 이념과 철학이기 전에 습성과 태도다. 몸에 밴 것은 쉽게 고쳐지지 않는다. 이들이 머리로는 자유를 이해했을지 몰라도, 실제로 살아온 방식은 권위주의 방식이었다. 민주화 이전 시대에 엘리트로 성장한 이들 대부분의 삶에는 권위주의가 깊숙이 배어 있다. 이들에게는 수평적인 의사소통, 복식의 파괴, 가부장 질서의 해체 같은 이슈들이 불편하게 다가온다. 제아무리 경제적 자유를 표방하는 보수 정치인도 한참 나이가 아래인 사람이 격의 없이 토론을 벌이고 자기 의견을 대놓고 반대하기 시작하면 이를 받아들이기 힘들어한다. 때로는 그들을 건방지다고 생각할 것이다.

결국 권위주의에 물든 보수 정치인은 머리로는 자유를 학습했고 말로는 자유주의를 외치지만 삶과 행동으로 자유주의를 실천하기는 어렵다. 그렇기에 이들은 경제적 자유주의자는 될 수 있어도 정치·사회적 자유주의자가 되지는 못하는 것이다.

논의를 정리해보면, 오늘날 스스로 자유주의자라고 칭하는 보수 정치인들은 실제로는 시장의 자유만 강조하는 반쪽짜리 자유주의자인 경우가 많다. 지금까지 한국 사회에서 자유주의는 엄청난 오해를 받고 있었다는 말이다. 따라서 우리는 가장 먼저 한국의 '자유민주주의'가 오랜 합의의 전통과 문화적 유산을 바탕으로 만들어진 진짜 자유주의가 아니라는 점을 깨달아야 한다. 보수 정치인들이 기존의 관습대로 자유를 외칠수록 오히려 자유의 의미를 퇴색시킨다는 것을 건강한 시민들은 눈을 부릅뜨고 감시해야 한다.

자유를 억압하는 자유주의자들

경제적 자유주의만을 자유주의라고 착각하고 '한국식 민주주의'를 진짜 민주주의라고 오인하는 행태는 지금도 종종 벌어지는 일이다. 그나마 권위주의 정치인이 자유에 대해 입을 다물고 있으면 다행이다. 적어도 남을 기만하거나 혼란에 빠뜨리지는 않기 때문이다.

문제는 현실에서는 권위주의 정치를 펼치면서 스스로 자유주의자라고 주장하고 다니는 경우이다. 일반적으로 이런 정치인은 목소리가 큰 편이기 때문에 사람들은 그들이 정말 자유주의를 추구한다고 생각하게 된다. 대표적인 사람이 자유한국당의 한 정치인이다. 그는 자유경제원이란 단체의 사무총장을 지냈다. 그런 이력 때문인지는 몰라도 그의 블로그엔 대문짝만 하게 'OOO과 자유의 힘'이라는 문패가 걸려 있다. 그리고 '자유주의 리더'라는 제목의 게시물을 10여 개 올려놓았다. 그 게시물에는 데이비드 흄David Hume, 알렉시스 드 토크빌Alexis de Tocqueville, 애덤 스미스 등 자유주의의 이론적 기반을 다졌던 사상가들의 업적과 사상을 요약해놓고 있다. 그리고 이들과 함께 '[자유주의 리더] 박정희'라고 써놨다.

생각해보자. 한국의 보수파에게 박정희가 매우 특별한 인물인 것은 맞다. 과만큼 공도 많은 대통령이었다. 그의 업적에는 놀랍고 존경할 만한 부분도 분명히 있다. 그런데 그가 과연 자유주의자였던가? 그는 앞서 살펴보았던 '한국식 민주주의', '자유민주주의 체제'를 만들었던 사람이다. 위에서 언급한 사상가들의 생각을 조금이라도 접해본 사람이라면 그가 자유주의자가 아니며, 국가주의자란 사실을 명백히 알 수 있다. 그런데도 블로그의 주인인 이 정치인은 박정희를 자유주의자의 반열에 올려놓고 있다. 게다가 더 큰 문제는 사람들이 이 정치인의 주장을 믿는다는 것이다. 그래서 자유주의를 따로 공부하지 않는 이상 이 정치인이 정말로 자유주의자라고 믿는 우를 범할 수 있다. 그렇다면 이 정치인이 정말 자유주의자인지 한번 따져보자.

2017년 11월 그는 임종석 대통령 비서실장을 향해 '주사파'라고 비난했다. 국회 운영위 국정감사에서 "주사파, 전대협이 장악한 청와대가 트럼프 방한의 중요성을 거론하는 것은 이율배반"이라고 공격했다. 이때 임 실장은 "모욕감을 느낀다. 5,6 공화국 정치군인들이 민주주의를 유린할 때 의원님께서 어떻게 살았는지 살펴보지 않았지만, 의원님이 거론한 대부분의 사람들은 인생을 걸고 민주주의를 위해 노력했다"라고 반박했다.

이 논란에서 임 실장이 한때 주사파였는지는 중요하지 않다. 설사 그랬다고 하더라도 이제 그는 엄연히 국민의 정당한 권리 행사를 통해 선출된 대통령의 비서실장이다. 생각과 이념이 다른 야당 정치인이 청와대와 대통령을 비판할 수는 있다. 그런데 "주사파, 전대협이 청와대를 장악했다"라는 그의 말이 과연 사실인지 따져보자.

임 실장이 주사파로서 청와대를 장악하기 위해서 무슨 행동을 했는가. 이를 증명할 논거는 없다. 만일 임 실장이 주사파적인 행동을 했다 하더라도 청와대가 주사파에 장악돼 있다는 주장은 근거 없는 모략이다. 그의 말이 사실이라면 청와대는 애초에 국가 운영의 핵심 철학을 민주주의 헌법에서 주체사상으로 바꿨어야 한다. 근거 없는 비방과 낙인찍기는 자유주의의 아버지들이 가장 경계했던 점 중에 하나라는 것을 이 정치인은 알고 있을까.

정치인이 되기 전 그의 이력은 더욱 놀랍다. 스스로 자유주의자를 표방했지만 그의 언행은 이를 부정한다. 2015년 박근혜 전 대통령이 역사 교과서 국정화를 추진할 때의 일이다. 알다시피 보통의 민주주의 국가에서 역사 교과서를 국정교과서로 채택하고 있는 나라는 거의 없다. 이런 이유로 야당과 대다수 여론은 국정화를 반대했다. 심지어 당시 교육부 차관을 지냈던 인사조차 과거 교수 시절 논문에서 "국정교과서는 독재국가에서나 가능한 일"이라고 쓰기도 했다. 여당 내에서도 국정화를 두고 찬반 의견이 엇갈렸다.

그때 자유경제원의 사무총장을 맡고 있던 이 정치인은 새누리당 의원들 앞에서 국정화의 필요성을 역설한다. 그는 2015년 10월 MBC 〈100분 토론〉에 출연해 "(박근혜) 대통령이 '아, 이건 아버지 때문에 안 될 것 같다'라고 생각하며 아무것도 안 하는 게 바로 정치적인 것"이라며 국정화의 필요성을 강조했다. 당시 새누리당 김무성 대표는 그를 "역사 교과서 국정화의 영웅"이라며 "밤잠 자지 말고 전국을 다니면서 국민 앞에서 강연하라"라고 말했다. 또 다른 토론회에서 그는 어린이용 세계 위인전에 체 게바라, 호치민, 마오쩌둥, 마르크스 등이 포함된 점을 문제 삼아 "불량 식품보다 불량 도서가 더 위험하다"라고 주장했다. 그리고 이듬해 그는 새누리당 비례대표로 영입돼 정치권에 화려하게 데뷔했다.

그가 국정교과서를 찬성하든, 마르크스가 포함된 위인전을 비판하든 상관하고 싶지 않다. 그러나 이처럼 자유주의 정신에 어긋나는 언행을 일삼으면서 자신을 자유주의자라고 칭하는 것은 매우 고약한 일이다. 본인은 물론 온 국민을 속이는 것이기 때문이다. 나는 상식적으로 납득이 되지는 않더라도 그의 다른 주장들을 존중은 한다. 그러나 그가 자신을 자유주의자라고 우기는 것만큼은 용인할 수 없다. 그가 보수 정치인이 아니라 일반인이었다면 이처럼 비판할 일도 없었을 것이다. 하지만 그의 모순된 행동이 비판받는 이유는 앞서 설명했듯 그를 본 많은 사람들이 '자유주의란 이런 거구나' 하고 오해를 하게 될까 봐서다.

지금 한국의 보수 정치에서 가장 무서운 것은 '악'보다는 '위선'이다. 악은 그 자체로도 선명하게 자신의 정체성을 드러내기 때문에, 조금만 지각이 있고 깨어 있는 사람이라면 얼마든지 조심하고 견제할 수 있다. 그러나 위선은 선을 가장해 국민을 현혹한다. 내가 국가주의 세력보다 권위주의 정치인을 더 강하게 비판하는 것도 그 때문이다. 권위주의 정치인들은 민주화 시대에 보수라는 외피를 쓰고 사실상 국가주의 이념을 실현해왔기 때문이다. 이런 의미에서 자유주의자를 표방하며 실제로는 자유를 억압하는 사람들이 자유에 대해 아무런 말도 하지 않는 이들보다 더 위험하다. 한국의 보수 정치에서 가장 먼저 사라져야 할 것은 위선이다.

새로운 보수, 리버럴 라이트

지금까지 보수주의의 본질로서 자유주의가 왜 중요한지 살펴보았다. 핵심은 이렇다. 전쟁이라는 비극적 상황 속에서 민주주의를 이식받은 우리는 본질인 자유주의를 빠뜨린 채 그 형식만 받아들였다. 특히 분단과 대립이라는 특수한 상황에서 자유주의는 반공이 국시였던 '자유민주주의 체제'를 위해 희생됐다. 그리고 아직 자유주의의 토양이 척박한 상황에서 신자유주의가 들어오면서 오히려 자유주의의 본질적인 이념까지 헷갈리게 되었다. 즉, 경제적 자유만을 자유주의라고 오인하게 된 것이다. 또, 그 때문에 정치·사회적 자유주의가 마치 진보 진영만의 유물인 것처럼 여겨지는 상황이 빚어졌다.

이처럼 자유주의에 대한 이해가 부족하다 보니 박정희를 자유주의자라고 떠드는 국회의원까지 생겨났는데, 그야말로 어이없는 일이다. 굳이 자유와 박정희를 연관시킨다면 반공을 정치철학으로 내걸었던 '한국적 자유민주주의 체제'의 국가주의 리더라고 보는 것이 정확하다.

하지만 이 같은 모든 논란과 오해에도 불구하고 자유주의는 보수의 핵심 가치다. 영국과 프랑스, 미국의 시민혁명은 모두 국가로부터 개인의 자유를 확대하는 과정이었고, 이를 법과 체제로 보장받기 위해 만들어진 것이 민주주의다. 그리고 민주주의를 발전시키고 시민의 자유를 확대하는 최전방에는 늘 진짜 보수주의자들이 있었다.

이처럼 지금 먼저 해야 할 일은 진짜 자유주의가 뭔지 학습하고 이를 실천하는 일이다. 지금까지 오해되어왔던 자유주의에 대한 편견을 모두 버리고, 시민이라는 계급을 만들고 민주주의를 발전시켰던 진짜 자유주의와 조우하는 것이 필요하다. 그리고 그 핵심은 보수에서 경제적 자유주의만을 강조해왔던 것과 달리, 정치·사회적 자유주의를 보수의 품으로 끌어안는 일이다.

그러므로 우리는 보수의 본질을 정립하는 과정에서 시민의 자유를 제일 먼저 생각해야 한다. 보수를 재건하고 새롭게 재탄생시키는 일도 여기에서부터 시작해야 한다. 자유에 대한 본질적 고민 없이 다시 보수주의를 논한다는 것은 사상누각일 뿐이다. 그런 의미에서 나는 '리라이트'를 미래 보수 정치의 핵심 화두로 제시한다.

리라이트는 한국의 보수를 재건해 다시 시작한다는 뜻(Re-Right)도 있고, 보수 정체성의 핵심을 자유주의적 가치(Liberal-Right)로 삼아야 한다는 의미도 있다. 정리하면 이 둘을 합쳐 자유주의적 이념을 토대로 보수를 새롭게 탄생시켜야 한다는 뜻이다.

앞에서 여러 번 설명한 대로 보수란 그들이 지키고자 하는 가치를 담는 태도이자 그릇일 뿐, 그 내용물은 시대와 상황에 따라 달라지기 마련이다. 그렇지만 보수에서 변하지 않는 한 가지 가치가 있다면 그것은 자유주의다. 적어도 우리가 민주주의와 자본주의라는 정치·경제·사회 체제를 벗어던지지 않는 한 보수의 핵심 내용물은 자유주의라는 이야기다.

리라이트의 핵심은 자유주의적 가치를 핵심으로 보수주의의 근본을 다시 세우는 데 있다. 원래 자유주의에는 장벽이 없다. 이념의 본질 자체가 이런 장벽을 깨뜨리는 데 있기 때문이다. 자유주의 안에는 시장의 자유뿐 아니라 사상과 이념에 대한 표현의 자유, 집회와 결사의 자유가 당연히 보장된다.

그러나 지금까지 보수 정치 안에서는 시장의 자유, 즉 경제적 자유주의에 대해서만 많은 논의가 있었다. 소위 뉴라이트라고 불리는 흐름이 대표적이다. 뉴라이트는 시장의 자유에 대해서는 매우 강조했지만 상대적으로 정치·사회적 자유주의에는 인색했다. 하지만 앞으로의 보수, 즉 리라이트는 경제적 자유주의뿐 아니라 정치·사회적 자유주의를 함께 추구해야 한다. 이런 의식을 가진 정치인들이 많아지고, 자유에서 파생되는 개방과 관용, 다양성의 정신이 보수층 전체에 하나의 아비투스Habitus처럼 의식의 기저를 이룰 때 보수 정치가 대한민국의 새로운 대안으로 우뚝 설 수 있을 것이다.

다만 리라이트는 흔히 진보에서 말하는 급진적 자유주의와는 구분돼야 한다. 특히 외교와 안보 분야에서 그렇다. 한반도는 아직 분단된 상황이다. 이런 상황에서 정치적 자유주의와 사회적 자유주의를 같은 무게로 논한다는 것은 시기상조일 수 있다. 그러므로 정치와 사회 분야에서의 자유주의는 다소 속도를 달리할 필요가 있다. 남북 화해 모드로 평화가 오는 것처럼 보이긴 하지만 아직 통일까지의 길은 멀고 험난하다. 그런 상황에서 정치적 자유주의까지 지금의 경제적 자유주의에 해당하는 수준으로 끌어올리자고 한다면 이는 보수의 본질에 어긋난다.

다시 말해 궁극적으로 정치·경제·사회 모두 동일한 수준의 자유주의를 실현해야 하지만, 리라이트는 방법론적 관점에서 우선순위를 둬야 한다. 먼저 사회적 자유주의를 실천하고 정치적 자유주의가 이에 따라오는 방식이어야 한다. 즉, 문화와 일상의 삶 속에서 개인의 자유는 최대한 보장돼야 하지만, 유럽과 같은 수준의 정치적 자유주의를 단번에 기대해서는 안 된다. 반세기가 넘도록 냉전·반공 체제에 길든 보수층을 갑자기 바꾸려는 것은 진보에게 어울리는 방식이다. 내가 강조하고 싶은 것은 경제, 사회, 정치 순으로 자유주의를 점차 확대해가자는 것이다.

리라이트가 급진적 자유주의와 또 다른 점은 공동체를 강조한다는 것이다. 이는 보수적 관점에서 자유주의를 추구하는 것이기 때문에 어쩌면 당연하다고도 볼 수 있다. 자유가 방종을 의미하지 않듯, 개인의 자유와 거기에서 비롯되는 개별성은 공동체 안에서 합의가 가능한 수준의 것이어야 한다. 타인에게 피해를 주거나 혐오스러운 개성 표현은 공동체의 안녕과 질서를 깨뜨린다. 그러므로 지나친 개인주의로 흐를 가능성이 있는 급진적 자유주의와는 달라야 한다. 그런 의미에서 리라이트가 추구하는 방향은 개인의 자유와 자아실현이 공동체의 이익과 공동선과 함께 조화되는 지점에 있다. 두 원 사이의 교집합을 키워가는 것이 리라이트의 핵심 목표 중 하나다.

그러면 리라이트가 추구해야 할 자유주의의 내용에는 어떤 것이 있고, 이를 온 사회에 확대할 수 있는 '보수적' 방법론은 무엇이 있을지 알아봐야 한다. 다만 다시 정치·사회적 자유주의의 이론을 설명하고, 그 타당성을 논증하는 일은 생략하려 한다. 이미 많은 사상가와 이론가 들이 자유주의의 내용과 체계를 다듬어왔기 때문이다. 또다시 자유주의를 학문적으로 탐구하는 것보다는 자유주의를 보수가 어떻게 받아들이고 현실에서 실천해야 하는지 살펴보는 것이 더 중요하다.

그런 의미에서 나는 자유주의의 아버지인 존 스튜어트 밀을 롤모델로 삼아 한국 정치에 적용해보려고 한다. 정확히 말하면 리라이트를 꿈꾸는 한국의 보수가 밀로부터 어떤 가르침을 받아야 하는가에 대한 이야기다. 다음 장에서는 자유주의의 고전으로 불리는 그의 사상을 한국의 현실에 걸맞게 해석하고, 우리가 본받아야 할 점은 무엇인지 따져보도록 하겠다.

밀의 생각을 읽다 보면 놀랍게도 한국의 정치 현실과 정확히 일치하는 내용이 많다. 적어도 자유주의적 관점에서 보자면 21세기의 한국이 19세기 영국과 비슷하거나 그보다 못하다는 뜻이다. 하지만 자유주의를 보수주의의 핵심 이념으로 삼고자 하는 '리라이트'라면 언젠가는 꼭 성과를 낼 수 있으리라 믿는다. 우리가 경제적인 측면에서 오십여 년 만에 '한강의 기적'을 이뤄낸 것처럼, 정치·사회적인 측면에서도 촛불 혁명에 담긴 민주주의의 열망을 자유 시민의 의식과 제도로도 얼마든지 승화시킬 수 있다.

5장

자유론과 리라이트

자유론과 리라이트

언행일치의 보수주의자 밀

앞서 한국의 보수가 왜 리라이트로 거듭나야 하는지 그 이유를 살펴보았다. 그리고 리라이트의 핵심은 보수 정치가 자유주의를 품는 것이라고 설명했다. 그러려면 먼저 자유주의의 핵심 정신이 무엇인지 정확히 알고, 이를 한국의 현실에 적용하려는 노력이 필요하다.

그러나 자유주의만큼 한국 사회에서 모순되게 쓰이는 용어도 없다. 보수·진보 너 나 할 것 없이 스스로 자유주의자를 칭하기도 한다. 그런데 가만히 살펴보면 이들은 진짜 자유주의자라기보다는 자신의 정치 성향과 이념을 그럴듯하게 포장하기 위해 자유주의라는 가면을 쓰는 경우가 종종 있다. 그리고 이런 이들은 자유주의의 본질을 오히려 혼란스럽게 만들 뿐이다. 따라서 우리가 제일 먼저 해야 할 일은 자유주의가 정확히 무엇인지부터 짚고 넘어가는 일이다. 그러려면 당연히 자유주의 사상의 아버지인 존 스튜어트 밀에 대해 알아야 하고, 그가 살았던 19세기 영국을 이해해야 한다.

당시 영국은 산업혁명의 성공으로 최고의 전성기를 구가했다. 방적기와 증기기관의 발명으로 산업의 생산성이 크게 높아졌고, 인류 역사 이래 가장 많은 잉여가치를 축적했다. 영국은 산업혁명과 시민혁명을 동시에 성공시키며 유사 이래 가장 발전한 나라로 우뚝 솟아 있었다. 민주주의와 자본주의를 국가 체제로 하는 현대 국가의 기틀을 다진 시기였다.

이때 영국을 이끌었던 사람은 빅토리아 여왕이다. 64년간 재위하며 입헌군주제의 질서에 따라 '군림하되 통치하지 않는다'라는 영국 왕실의 전통을 만들었던 빅토리아 여왕 시대는 대영제국의 최고 전성기였고, 영국은 '해가 지지 않는 나라'라고까지 불리게 되었다.

이 시기의 영국은 지금의 대한민국과 많은 점에서 닮았다. 왕정국가였지만 민주주의가 발전해 있었고, 산업화의 성공으로 전에는 상상할 수 없던 엄청난 물질적 성취를 이뤘다. 그러나 한편으로는 양극화와 불평등, 여론을 움직여 대중을 좌지우지하는 엘리트의 횡포, 정치인의 부패와 무능, 개인주의의 오용으로 인한 이기주의의 만연과 인간소외 등이 뿌리 깊은 사회 문제로 대두됐다. 이 같은 구조적 문제를 해결하기 위해 나온 처방이 밀의 《자유론》이다. 1859년 출판된 《자유론》을 읽다 보면 현재 한국 사회의 현실과 닮아 있는 부분이 많다.

밀 사상의 핵심은 먼저 '타인에게 해를 끼치지 않는 한 개인의 자유는 절대적으로 보장돼야 한다'는 것이다. 이와 함께 밀은 자유에서 비롯되는 '개별성'이라는 개념을 매우 강조했다. 이는 경제적 관점에서 '보이지 않는 손'을 주장한 애덤 스미스의 시장주의와도 맥락을 같이한다. 개인이 지닌 고유의 재능과 취향이 마음껏 발휘될 수 있을 때 사회 전체의 가치도 올라간다는 그의 이론은 개인의 자유가 최대한 허용될 때 국부가 커진다는 스미스의 이론과 닮았다. 하지만 그의 자유주의 사상이 의미가 있는 것은 단순히 자유가 중요하다고 역설했기 때문이 아니라, 공공선을 위해 자유가 제한될 수 있는 조건을 명쾌하게 설명했다는 데 있다.

민주주의 사회는 개인의 자유와 개별성을 전제로 하지만, 공동체를 이루어 살아가는 한 각 개인의 자유는 서로 충돌할 수밖에 없다. 이때 갈등을 어떻게 풀어나갈지가 중요하다. 밀은 그 원리를 타인으로부터 침해받지 않을 자유로 규정했다. 이는 나아가 국가가 개인의 자유를 제한할 수 있는 최소한의 기준을 만드는 데 이론적 근거가 되었다.

사실 밀이 살던 당시의 영국에서 자유주의가 제대로 기능했다고 할 수는 없다. 부르주아의 전유물이었다가 대중에게로 널리 확산되기 시작한 자유의 물결은 온갖 오해와 편견을 낳았다. 마치 오늘날 어리석은 이들이 자유와 방종을 구분하지 못하듯 19세기의 영국도 비슷했다. 그런 가운데 밀은 자유의 진정한 의미가 무엇인지, 사회적으로 자유주의라는 체제가 제 역할을 하기 위해서는 무엇이 필요한지 고민했다.

지금의 한국 사회도 어떤 면에서는 19세기의 영국과 비슷하다. 운동으로서의 민주화가 끝나고 제도로서 민주주의가 정착된 시대를 살고 있는 우리는 자유가 중요하다는 것을 누구보다 잘 안다. 그러나 나의 자유만큼 타인의 자유를 중요하게 여기지는 않는다. 자유에는 책임이, 권리에는 의무가 뒤따른다는 것을 머리로는 이해해도, 행동으로는 실천하지 않는다. 그런 의미에서 밀의 자유주의는 한국 사회에 의미하는 바가 크다. 한국은 아직 성숙한 자유주의 사회가 아니기 때문이다. 일각에선 지나치게 자유가 억압되어 있지만, 다른 한편에선 도를 넘은 자유가 방종을 부르고, 나아가 타인의 자유를 침해하는 일까지 벌어진다. 인터넷 공간에서의 정제되지 않은 커뮤니케이션이 대표적이다.

밀이 말했던 자유주의의 본질은 나의 자유뿐 아니라 타인의 자유까지 동등하게 인정하는 것이다. 그러나 자신의 자유만을 안중에 둘 뿐 다른 이의 자유엔 관심이 없다면 이는 엄격히 말해 자유주의가 아니다. 그저 이기주의 사회일 뿐이다.

이처럼 자유의 정신과 의미, 체제에 대한 고민은 밀을 정치로 이끌었다. 1865년 선거에서 자유당 후보로 출마한 밀은 웨스트민스터에서 당선되었다. 그가 살았던 시대의 기준으로만 본다면 자유당은 상대적으로 진보 진영에 속했지만, 오늘날의 기준으로 보면 보수에 훨씬 가깝다.

당시 자유당은 보수파인 토리당의 후신이었다. 1830년대 토리당은 자유주의 사상의 보급으로 내부에 분열이 일었고, 이를 계기로 보수당과 자유당으로 갈라졌다. 그러나 당시 보수당은 귀족과 지주 계급의 이해를 대변했고, 자유당은 이에 맞서 신흥 상공업 계층인 부르주아의 이해를 대표했다. 그러나 산업화의 과정을 통해 보수당이 부르주아의 이익을 함께 대변하면서 자유당은 보수당으로 흡수됐다. 이후 노동자 이익을 대변하는 노동당이 생겨 영국은 다시 양당 체제를 이뤘다.

밀은 짧은 의회 생활을 하면서도 소신을 지켰다. 선거와 정치 활동 과정에서 그가 개인 돈을 한 푼도 쓰지 않겠다고 한 일화는 유명하다. 원래 정치에 뜻이 없던 밀은 지지자들이 찾아와 선거에 출마할 것을 요청하자 그 제안을 거절하면서, 설사 출마하더라도 국가의 공무를 맡는 자는 절대로 개인 돈을 써서는 안 된다고 주장했다. 돈을 써서 당선되면 공직을 이용해 사욕을 채우려 하게 된다는 이유에서였다. 주민들이 이런 조건을 모두 받아들이겠다고 하자 그제야 그는 웨스트민스터 선거구에 출마하여 당선됐다. 이처럼 그는 말과 행동이 일치하는 사람이었다.

밀을 이야기하면서 빼놓을 수 없는 사람이 그의 부인 해리엇 테일러다. 밀이 그녀를 만난 것은 20대 초반이었다. 밀은 처음부터 그녀를 사랑했지만 밀보다 두 살 연하였던 테일러는 그때 이미 두 아이를 둔 유부녀였고, 이들이 부부의 연으로 엮인 것은 20년이 지나서였다. 그러나 행복했던 결혼생활도 잠시, 함께한 지 7년 만에 테일러는 세상을 떠난다. 밀은 자서전에서 테일러를 자신보다 더 뛰어난 사상가이며 삶의 영광과 축복이라고 설명했다. 테일러가 죽고 얼마 뒤 출판된 《자유론》의 서문에 이 책을 아내에게 바친다고 썼을 만큼, 밀은 지고지순한 로맨티시스트이기도 했다.

밀의 삶을 이야기하면서 그의 아버지도 언급하지 않을 수 없다. 밀의 부친인 제임스 밀James Mill 역시 당대의 유명한 사상가였다. 런던에서 9남매의 장남으로 태어난 밀은 어린 시절부터 아버지에게 직접 교육을 받았다. 세 살 때부터 그리스어를, 여덟 살 때부터 라틴어를 배우는 등 밀은 부유한 집안의 도련님으로 어릴 적부터 영재교육을 받았지만, 평범한 사람들의 삶과 애환을 이해하는 몇 안 되는 공감형 리더였다고 할 수 있다.

이처럼 밀은 가치관과 철학이 뚜렷한 원칙주의자였고 품성이 바르게 정돈된 인격자였다. 또 그는 말과 행동의 일치를 강조한 노블레스 오블리주의 모범을 보였다.

보수주의는 지난 세월의 전통과 유산을 소중히 여기며 그 안에서 내일의 해법을 찾는다. 정치가의 말 또한 마찬가지다. 보수 정치가는 말을 쉽게 내뱉어선 안 되며 반드시 지킬 수 있는 말을 해야 한다. 밀처럼 부유한 가정에서 자라고 어릴 적부터 좋은 교육을 받는 등 사회적 혜택을 입은 사람이라면 기꺼이 이를 사회에 돌려줄 수 있어야 한다. 그것이 바로 노블레스 오블리주다. 다음 장부터는 밀의 사상과 그것이 한국 정치, 특히 보수주의자에게 함의하는 바가 무엇인지 살펴보겠다.

밀이 보수의 파운더스인 이유

밀의 사상을 토대로 자유주의의 정신이 무엇인지 따져보기에 앞서 보수와 진보를 나누는 잘못된 기준부터 짚고 넘어가자. 우리 사회에서는 특정 이슈에 대한 찬반을 묻고 각각의 입장에 따라 보수와 진보를 나누는 일이 종종 벌어진다. 예를 들어 대북 지원, 기업 규제, 해외 파병 등에 대한 엇갈린 관점에 따라 기계적으로 양측을 나누는 것이다.

그러나 사람을 진보와 보수의 양쪽으로만 나눌 수는 없다. 각종 사안에 대한 생각도 얼마든지 다를 수 있다. 대북 지원을 찬성하면서 기업 규제는 반대할 수 있고, 파병과 기업 규제를 모두 찬성할 수도 있다. 또 시대가 변하면서 그때는 틀렸던 것이 지금은 맞는 것으로 바뀔 수도 있다. 결국 기계적인 구분은 오히려 보수와 진보를 구분하는 데 더 큰 오해와 편견을 낳을 뿐이다.

보수와 진보에 대한 가장 정확한 구별은 앞서 살펴본 에드먼드 버크의 의견을 따르는 것이다. 그는 프랑스혁명과 계몽주의를 비판하면서 보수의 개념을 정립한 것으로 유명하다. 그의 논리를 다시 살펴보자. 인간만이 가진 합리적 이성은 매우 뛰어난 것이다. 그러나 개별 인간의 힘으로는 불완전함을 극복할 수 없다. 그러므로 소수 엘리트의 생각대로 미래를 설계하고 이끌어가는 것은 위험하다. 가보지 않은 새로운 길을 새로운 방법으로 가는 것은 오히려 더 큰 혼란과 갈등을 부를 뿐이다.

그렇다면 어떻게 해야 하는가. 개인이 아니라 인류 전체가 쌓아온 집단지성의 힘을 믿어야 한다. 집단지성은 선조들로부터 이룩해온 전통과 문화를 말한다. 과거의 유산이 때론 극복되어야 할 인습일 경우도 있지만, 인류 역사에서 오랜 시간을 거치며 살아남은 전통은 그만큼 정당성과 효율성을 인정받았기 때문에 현재까지 존재하는 것이다. 그러므로 미래를 향해 가는 길이 특정 소수 집단이 설계한 개혁의 방식으로만 이루어져서는 안 된다. 과거의 것을 토대로 한 점진적 개선만이 밝은 미래를 보장할 수 있다. 즉, 소수 엘리트의 뛰어난 이성보다는 다수가 형성한 집단지성의 힘을 강조한 것이 버크 사상의 핵심이다.

그런데 이런 개량주의적 입장은 밀의 생각과도 일치한다. 밀은 현대의 사회 체제와 문화, 의식 등이 모두 전통에서 기인한다고 보았다. 특히 인간 사회의 가장 근본 질서인 도덕에 대해서 후대의 사람들이 우리보다 앞선 세대의 사람들에게 큰 빚을 지고 있다고 말한다. 인간이 만들어낸 도덕은 필연적으로 불완전하고 일방적일 수밖에 없다. 그러므로 다양한 의견이 오가는 과정을 통해 지금과 같은 훌륭한 문화가 만들어졌다는 설명이다.

이와 함께 밀은 진리가 만들어지는 과정은 한 가지뿐이라고 강조한다. 진리가 되기 위해서는 무엇보다 다양한 생각이 움틀 수 있고, 그 안에서 자유로운 토론이 가능해야 한다. 똑같은 진리라도 토론의 과정을 거쳤느냐 그렇지 않으냐에 따라 질적으로 차원이 다르다. 수많은 토론을 통해 증명된 이론과 그저 그 이론이 옳다고 우기는 것은 매우 다른 이야기다. 진리일수록 많은 비판을 받고도 그 정당성이 입증돼야 한다.

밀은 인간 문명이 발전할 수 있던 원동력이 오랜 시간 반복된 집단지성의 힘에 있다고 보았다. 우리가 지금과 같은 문명을 이룩할 수 있던 것은 개별적인 여러 의견이 모여 서로 틀린 것은 고쳐주고, 옳은 것은 그 정당성을 강화해가면서 지식의 체계를 만들었기 때문이다. 그러므로 진리는 완벽한 한 개인의 머릿속에서 나오는 게 아니라, 다양한 사람의 의견이 자유롭게 교환되고 원활한 토론이 이뤄질 때 그 모습을 드러낸다. 전통과 유산은 자유로운 토론을 통해서 만들어지며, 이런 문화가 많을수록 그 사회는 발전된 문명을 가질 수 있다.

요약하자면 버크는 보수의 개념을 정의했고, 밀은 그 방법론을 규정했다. 밀의 이런 방법론에 따라 자유로운 사상 교환에 입각한 생산적인 토론은 오늘날 대의민주주의 사회에서 가장 핵심적인 원리가 되었다. 고대 그리스의 시민들이 필수적으로 수사학을 배워야 했던 것도, 정확하게 자신의 의사를 표현하고 타인의 의견을 들을 수 있는 능력이 시민으로서 가장 필요한 역량이라고 생각했기 때문이다.

국가 체제로서의 자유주의

밀은 《자유론》의 첫 부분에서 자신이 제시한 자유의 개념을 명확히 했다. 즉, 철학에서 말하는 '의지의 자유'가 아니라 '시민의 자유', '사회적 자유'를 논하겠다고 한 것이다. 다시 말하면 시민이 사회적으로 누리는 자유의 본질은 무엇이며, 어떤 경우에 국가가 개인을 상대로 자유를 제한하는 권력을 행사할 수 있는가에 대해 말하겠다고 밝혔다. 이는 인간이 공동체를 이뤄 살아가는 집단 안에서 자유가 어떻게 발현되고 이를 제한할 수 있는 근거는 무엇인지 따져보겠다는 이야기다.

실제로 인류의 삶은 억압과 속박으로부터 벗어나 자유를 얻으려는 대립과 갈등의 역사였다. 마르크스식으로 말하면 생산수단을 둘러싼 지배계급과 피지배계급의 투쟁이 곧 역사다. 그러나 유사 이래 자신의 힘을 약한 이들을 위해 사용한 집권층은 없었다. 그래서 밀이 생각한 과거 인류 역사에서의 자유는 지배계급의 압제로부터 보호받는 것이었다.

하지만 대의민주주의가 국가의 기본 정치 체제로 자리 잡은 현대에는 국민의 이익이 곧 국가의 이익이며, 반대로 국가의 이익이 곧 국민의 이익이어야 한다. 그러므로 국민의 대표인 정치인은 국민을 위해 공무를 수행해야 하고, 만일 그렇지 못할 때는 그 자리에서 바로 물러나야 한다. 즉, 법치주의를 바탕으로 권력의 사용 범위와 용도를 정해놔야 현대 민주주의가 성립될 수 있다는 이야기다.

법치주의에는 국민이 법을 잘 지켜야 한다는 의미도 있지만 그보다 먼저 권력자가 오직 법에 의해서만 자신의 권한을 행사해야 한다는 뜻이 더욱 강하다. 그러나 지난 60여 년간 한국의 민주주의 역사에서 보면 권력자는 종종 초법적 권한을 행사해왔다.

박근혜 전 대통령이 촛불의 단죄를 받은 이유도 그의 행동이 법의 테두리를 넘어섰기 때문이다. 혹자는 그가 과거의 다른 대통령들과 달리 어마어마한 비자금을 조성한 것도 아닌데 너무 가혹한 처벌을 받는 것이 아니냐는 동정론을 펼치기도 한다. 하지만 국정농단의 주범으로 일컬어지는 최순실의 존재와 영향력을 용인한 것은 국민의 권한을 위임받아 권력을 행사하는 대통령으로서 매우 잘못된 처신이었다. 국정 운영을 법치의 한계를 넘어 '제왕의 통치'로 생각하지 않는 한 이런 일은 있을 수 없기 때문이다. "박 전 대통령의 머리엔 시민은 없고 백성만 있다"라는 한 중진 정치인의 말이 실감 나는 대목이다. 설령 박 전 대통령이 자신의 사리사욕을 차리기 위해 비리를 저지른 게 아니라 하더라도, 그의 행동이 민주주의의 정체政體를 무너뜨리는 매우 심각한 중대 범죄임은 틀림없다.

법치주의를 넘어선 권한 남용은 비단 정치인에게만 국한된 이야기가 아니다. 이는 소위 '갑질'이라는 행태로 우리 사회 전반에 뿌리 깊이 박혀 있다. 잊을 만하면 튀어나오는 사회지도층의 갑질 사건들 역시 규정과 제도의 한계를 넘어 자신에게

주어진 권한 이상을 남용하면서 생긴 일이다. 밀이 160년 전 영국 사회에서 했던 고민이 오늘날 한국의 현실에 들어맞는다는 것은 매우 우울한 일이 아닐 수 없다. 그만큼 우리 사회의 자유주의와 민주주의의 깊이가 얕다는 뜻이기 때문이다.

결국 국가 체제로서 자유주의의 핵심은 법치주의다. 권력자가 오직 법에 따라 정치 행위를 할 수 있도록 한 이유는 인간의 핵심 권리인 자유를 보장하기 위해서다. 이는 개인의 자유를 제한할 수 있는 조건 또한 법에 따라 이루어져야 한다는 의미이기도 하다. 즉, 개인의 자유가 침해될 수 있는 것은 오직 타인에게 피해를 줄 때이다. 이를 제외하면 문명사회에서 그 어떤 경우에도 자유가 침해되어서는 안 된다.

이처럼 밀은 자유를 제한하는 조건을 매우 엄격하게 규정했다. 다만 그는 이런 자유의 원리가 의식이 성숙한 사람에게만 해당한다고 말한다. 같은 논리로 문명화되지 않은 사회의 경우는 이런 담론에서 제외하는 게 좋으며, 이들을 문명화시키기 위해 일시적으로 독재가 용인될 수도 있다고 설명했다. 자유의 원리는 합리적이고 이성적인 토론이 가능한 곳에서 가능하기 때문이다. 밀의 이런 생각에는 분명 위험하게 보일 수 있는 부분이 있다. 문명화되지 않은 사회와 그에 속한 사람들의 기준을 누가, 어떻게 설정할까 하는 점이 문제로 남기 때문이다. 예를 들어 과거 군사 독재 시절의 한국을 문명화되지 않은 사회로 규정한다면 군부 독재 또한 명분을 얻을 수 있다. 실제로 밀은 문명의 초기 단계에는 넘어야 할 한계점들이 매우 많기 때문에 국가 발전을 위해서 어쩔 수 없는 경우엔 편법이 가능할 수도 있다고 했다.

하지만 이런 주장은 밀의 사상에서 극히 일부에 지나지 않는다. 만일 그의 이 말만 침소봉대하여 받아들인다면 밀의 사상을 잘못 이해한 것이다. 그의 사상의 핵심은 민주 사회에서는 그 어떤 독재도 용납할 수 없다는 것이기 때문이다. 그러므로 일부 국가주의자들처럼 이런 지엽적인 문구에만 집착해 곡해해선 안 된다. 그가 이야기한 미개 사회는 말 그대로 "역사 발전의 초기" 상태에 있는, 민주주의와 자본주의 같은 개념도 존재하지 않는 원시 사회를 논한 것으로 해석해야 할 것이기 때문이다. 아마도 앞에서 이야기했던, 박정희를 자유주의 리더로 소개한 자유한국당의 정치인은 이런 심각한 오류에 빠져 있는 것이 아닌가 생각된다.

이처럼 국가 체제로서 자유주의는 개인의 자유를 최대한 보장하고, 매우 제한된 경우에만 국가가 개인의 자유를 침해할 수 있다. 그것도 법치주의라는 원칙과 제도 아래서만 가능하다. 그런데도 국가 권력이 법과 제도를 넘어 자유에 위해를 가하려 할 때를 대비해 밀은 '결사'와 '표현'의 자유를 대안으로 제시한다. 물론 타인의 자유를 해치지 않을 때에만 말이다.

개개인이 부당한 국가 권력에 맞서 싸우는 것은 불가능한 일이지만 '결사'된 개인은 각 개인의 합을 능가하는 힘을 갖기 때문에 자유주의 사회에서 국가 권력에 대항할 수 있는 핵심 수단이다. 오늘날 활성화된 집회와 시위의 자유도 불과 20~30년 전의 우리 사회에서는 쉽게 누리지 못했다. 이런 자유가 없었던 1980년대의 대한민국은 밀의 관점에서 보면 제대로 된 자유주의 사회도, 온전한 민주주의 체제도 아니었다고 할 수 있겠다.

더불어 밀이 강조했던 표현의 자유는 자유주의, 그리고 민주주의의 가장 핵심 가치다. 모든 개인은 정치와 과학, 신학, 사회, 예술 등 모든 분야에 대해 자유롭게 말할 권리를 갖는다. 이것이 전제되지 않는다면 그 사회는 전체주의 사회다. 실제로 밀은 표현의 자유에 대해 매우 상세하게 설명하고 있다. 이에 대해서는 다음 장에서 살펴보자.

외설 포르노도 용인한 자유주의

"나 같은 쓰레기에게도 표현의 자유가 보장된다면 모든 시민의 자유가 보호되는 것이다."

1996년 개봉한 영화 〈래리 플랜트〉의 끝부분에서 주인공이 법정에서 마지막으로 한 말이다. 포르노 잡지인 《허슬러》의 사주인 플랜트는 외설 논란으로 소송을 당해 연방 대법원까지 갔다가 무죄 판결을 받았다.

1983년 플랜트는 한 기독교 원리주의 목사를 풍자하는 가짜 인터뷰 기사를 싣고 "이것은 광고 패러디이니 심각하게 받아들이지 말라"라고 썼다. 평소 자신과 자신의 잡지를 사사건건 비난하는 목사를 비판하기 위해 이런 방법을 쓴 것이다. 목사는 곧바로 소송을 걸었다. 물론 그전에도 플랜트는 외설 시비로 수차례 경찰서를 들락날락했다.

연방 대법원까지 간 재판에서 플랜트는 미국의 수정헌법 1조를 내세웠다. 미국 시민으로서 정당하게 표현의 자유를 보장받을 수 있다는 주장이었다. 당시 판결을 내렸던 대법원장 윌리엄 렌퀴스트는 "공무원과 공적 인물을 풍자하는 것이 불법이라고 할 수는 없다"라고 판결했다. 당시 언론은 저속한 포르노 잡지조차 표현의 자유를 보장받는 사회라며 자유의 나라 미국을 치켜세웠다.

만일 같은 일이 한국에서 벌어졌다면 어땠을까.

실제로 플랜트보다 표현의 정도는 약했지만 더욱 가혹한 처벌을 받았던 사건이 있다. 1992년 소설 《즐거운 사라》를 출간한 고 마광수 교수의 이야기다. 책은 다양한 성 경험을 통해 자신의 정체성을 찾아가는 여대생 사라의 모습을 그렸다. 교수와의 성관계, 친구와의 동성애 등 당시로서는 매우 파격적인 소재를 담았다. 이 때문에 당시 온 사회가 발칵 뒤집혔고 검찰은 음란문서 제조 및 반포 혐의로 그를 구속했다. "성행위가 여과되지 않고 사실적이어서 건전한 도덕성을 파괴하고 성 질서를 문란케 한다"라는 것이 구속 이유였다. 여론도 그를 마치 색정광처럼 취급했다.

이 일로 마 교수는 대학에서 파면됐다. 훗날 복직되긴 했지만, 그에게 찍힌 낙인과 상처는 지울 수 없었다. 원래 마 교수는 연세대 국문과를 수석으로 입학·졸업하고 33세에 모교 교수가 된 촉망받는 인물이었다. 청록파 시인 박두진의 추천으로 시인으로도 등단했고 여러 편의 시집과 소설을 남겼다. 하지만 문학계의 지나친 엄격함과 위선을 비판하고 풍자하면서 문단의 비주류로 살았다. 그러다 결국 《즐거운 사라》 때문에 대학에서 강의 도중 잡혀가는 수모를 겪었고, 이때의 필화 사건으로 오랜 시간 우울증을 겪다 2017년 자택에서 비극적으로 삶을 마감했다.

외설의 정도로만 놓고 보면 마 교수가 플린트를 따라갈 수 없다. 그러나 결과는 정반대였다. 아마도 지금 《즐거운 사라》가 나왔다면 그 정도로 시련을 겪지는 않았을 것이다. 지금은 소설보다도 더 외설적이고 폭력적인 뉴스들이 신문을 장식하고 있기 때문이다. 한편 그런 뉴스가 있고 없고를 떠나서, 자유주의 사회에서 마 교수에게 가해진 폭력은 매우 심각한 문제다. 우리에게도 미국과 같은 자유주의 의식과 질서가 있었다면 그는 사회에서 매장당하지 않았을 것이다. 그러나 아이러니한 점은 스스로 자유주의자라고 생각하는 한국의 보수 정치인에게 마 교수의 사건에 대한 견해를 물으면 대부분 1990년대 검찰의 판단과 크게 다르지 않은 이야기를 한다는 것이다.

밀이 마 교수의 필화 사건을 접했다면 혀를 내둘렀을 것이다. 그는 자유를 구속하는 것, 그중에서도 표현의 자유를 억압하는 것에 대해 매우 비판적이기 때문이다. 전 세계의 사람 중에서 단 한 명이 다른 생각을 한다 해도 그가 입을 다물도록 해서는 안 된다는 것이 밀의 생각이었다. 왜냐하면 지금 당장은 그가 소수 의견이고, 또 틀린 의견일 수 있지만 언젠가는 다수 의견 또는 옳은 의견이 될 수도 있기 때문이다. 그러므로 소수 의견에 재갈을 물리는 것은 더 나은 생각과 이론을 만드는 데 좋지 않은 영향을 끼친다.

표현의 자유를 충분히 주었을 때, 훗날 소수인 그의 의견이 옳은 것으로 판명 난다면 잘못을 바로잡고 진실을 세우는 기회가 된다. 만일 틀린 생각이라 해도 기존의 옳은 생각이 얼마나 공고한 것인지 다시 증명하는 일이 된다. 하지만 이런 표현의 자유가 전제되지 않을 때 권력은 더욱 흉폭해진다.

독선과 아집에 가득 찬 사람들은 타인의 생각을 듣지 않는다. 확신은 자신과 다른 것을 틀린 것으로 간주하고, 이를 배척하며 없애려고 한다. 독선을 가장한 순교자들의 진리는 그렇지 않은 이들을 억압하고 폭력으로 대한다. 그러므로 타인의 생각을 인정하지 않는 것은 폭력성을 더욱 키우는 일이다.

표현의 자유는 이런 폭력성을 막는 매우 근본적인 해결책이다. 세상에서 그 어떤 개인도 진리를 확신해 말할 수 없다. 어제의 진리가 오늘의 거짓이 되기도 하고, 오늘의 망상이 내일의 현실이 되기도 한다. 밀은 지금 우리가 옳다고 믿는 생각들 중 많은 것이 미래에는 틀릴 가능성이 높다고 말한다.

실제로 마 교수의 필화 사건이 그랬다. 만일 요즘 문단의 누군가가 그와 비슷한 작품을 발표한다고 치자. 과연 1990년대 마 교수에게 가했던 폭력이 똑같이 재현될까. 밀의 말대로 세월이 흐르면 그때의 행동이 잘못됐을 뿐 아니라 우스꽝스러운 것이란 사실을 깨닫게 된다. 아직도 우리 사회에는 사상의 관용과 다양성이 부족하지만, 그래도 다행인 것은 마 교수가 필화 사건을 겪던 때보다는 훨씬 나아졌다는 점이다.

그러나 사회의 변화와는 달리 정치인들의 의식은 크게 달라지지 않은 것 같다. 그들은 여전히 자신과 다른 생각에 색깔을 덧씌우고 공격한다. 논점과는 상관없는 과거의 경력을 들먹이며 현재의 상황을 재단하려고 한다. 그러면서 자신들의 생각과 입장은 바꾸려 하지 않는다. 2018년 4월 남북정상회담이 있고 얼마 뒤 홍준표 당시 자유한국당 대표는 "정상회담은 김정은과 문재인 정권이 합작한 남북 위장 평화 쇼에 불과하다"라고 말했다. 여론의 뭇매를 맞았지만 그의 입장은 달라지지 않았다.

아집과 독단에 빠지면 객관성을 잃기 쉽다. 한 번의 정상회담으로 한반도의 평화를 논하는 것은 시기상조이지만 대화의 물꼬를 튼 것 자체는 축하할 만한 일이다. 특히 북한이 핵 폐기를 약속한 것과 미국과 회담에 나선 것은 고무적인 일이다. 판문점 선언에서 북한은 표준시간을 30분 앞당겨 서울 시간에 맞췄다. 또 김정은 체제를 지탱했던 핵·경제 병진 정책에서 가장 중요한 핵을 내려놓겠다고 했다. 그 때문에 많은 외국 언론들도 남북정상회담을 높게 평가했다. 심지어 미국의 마크 폼페이오 국무장관은 "북한이 조기 비핵화를 위한 담대한 조치를 취하면 미국은 북한이 한국 수준의 번영을 누리도록 노력할 뜻이 있다"라는 말까지 했다. 남북 분단 이후 이만큼 북한과 미국이 전향적인 자세를 보인 것은 처음이다.

그러나 홍 전 대표는 정상회담을 평화 쇼, 주사파 합의라고만 폄훼하고 김정은이 다음 대통령이 될 것이라고까지 망발한다. 심지어 자유한국당 내부에서도 그의 이런 발언을 비판하는 목소리가 높은데도 말이다. 자신이 몸담고 있는 자유한국당이 '자유'를 본질로 중시하는 정당이라고 생각했다면 홍 전 대표도 그와 같이 말하지는 않았을 것이다. '정상회담을 축하한다.

그러나 아직 좋아하긴 이르다. 과거의 전례를 볼 때 북한은 늘 약속을 지키지 않았다. 그러므로 더욱 신중하게 접근해야 한다' 정도의 입장을 내놓지 않았을까. 하지만 실제 그의 발언은 위에서 본 대로 전혀 합리적이지 못한 것이었다.

밀은 리더의 핵심적 자질로 열린 마음을 이야기한다. 다양한 사람들의 의견을 열린 자세로 듣지 않고는 어떤 진리에도 다다를 수 없다는 것이다. 역사에 존재했던 모든 지혜로운 현자들은 이런 방식으로 진리를 깨우쳤다고 설명했다. 이 말을 사회과학적 개념으로 말하면 '반증 가능성'이라고 부를 수 있다. "부정될 수 없는 과학은 과학이 아니다"라는 칼 포퍼Karl Popper의 말처럼 모든 과학은 반증 가능성이 있어야 한다. 만약 그렇지 않다면 신의 계시이거나 종교적 믿음일 뿐이다. 그런 의미에서 보면 보수 정치인 중에는 종교적 교리를 강조하는 사람들이 유난히 많다. 토론과 논쟁에 인색하고 자신의 생각에 반박하는 것을 극도로 싫어한다.

2015년 1월 박근혜 전 대통령의 신년 기자회견에서 언론은 "소통이 부족한 것 아니냐"며 대면 보고를 받지 않는 불통 사례를 지적했다. 그러자 박 전 대통령은 "대면 보고를 좀 더 늘려가는 방향으로 하겠습니다만, 그게 필요하다고 생각하세요?"라며 배석했던 장관들을 쳐다보았다. 얼굴에는 미소를 띠었지만, 그 웃음을 진심으로 생각한 장관들은 없었을 것이다. 이

외에도 박 전 대통령은 평소에도 토론하지 않는 정치인으로 유명했다.

요약하면 자유주의 사회에서 표현의 자유와 토론의 중요성은 마치 심장과 혈액만큼 중요하다 할 수 있다. 그런 의미에서 밀은 뉴턴의 물리학이 오늘날 많은 이들로부터 신뢰를 얻는 이유가 수많은 비판과 의심의 대상이 됐기 때문이라고 말한다. 반복된 토론과 검증 속에서 살아남은 이론이야말로 진정한 진리에 가까이 가 있는 것이다. 토론과 반박을 거부한다면 이는 자기 스스로 논리가 허약하고 합리적 근거가 부족한 주장이라는 것을 인정하는 꼴이다.

자유를 논하는 원칙

앞서 살펴본 것처럼 자유주의를 실현하는 가장 현실적인 방법은 토론이다. 민주주의 사회에서 원활한 토론이 이뤄지지 않으면 올바른 의사결정을 내릴 수 없다. 그러나 많은 이들이 여전히 '만장일치'를 선호한다. 하다못해 중국 음식점에서 음식을 시켜 먹더라도 연장자나 윗사람이 자장면이든 짬뽕이든 무엇 하나를 외치면 그대로 통일하는 경우가 많다. 가정에서나 학교는 물론이거니와 직장에서도 마찬가지다. 심지어 가장 자유로운 토론이 이뤄져야 할 정당 안에서도 이런 경우는 비일비재하다. 특히 '당론'이라는 꼬리표가 붙으면 개별 국회의원들은 당과 다른 입장이 나가는 것조차 매우 조심스러워한다. 당론을 채택할 경우 당의 정체성이 명확해지고 위기 상황에서 일사불란하게 움직일 수 있다는 장점이 있지만 대부분은 정략적인 경우에 '당론'이란 딱지를 붙이는 경우가 많다. 당론이 결정되면 대개는 개인의 소신과 철학에 다소 위배되더라도 당 지도부의 입장을 그대로 따라야 한다. 그렇지 않고 이런 일이 쌓이면 공천 등 중요한 순간에 불이익을 받을 확률이 크다.

하지만 모두가 찬성하는 의견은 독이 된다. 경영의 신 잭 웰치Jack Welch도 반대 의견이 하나도 없는 사업에 대해서는 아예 원점에서부터 다시 생각했다고 한다. '만장일치'는 득이 되는 경우보다 오히려 해가 되는 일이 많기 때문이다.

그러므로 밀은 다른 의견을 제기하는 사람에게 감사해야 한다고 말한다. 일반적인 주장에 대해 반박할 수 있는 소수 의견이 있어야만, 일반론이 채울 수 없는 진리의 공허한 부분까지 메울 수 있기 때문이다. 이를 위해서는 앞서 말한 반증 가능성이 충분히 인정받고, 열띤 토론이 벌어져야 한다. 하지만 현실은 그렇지 않다. 사람들은 대부분 자신이 보고 싶어 하는 것만 본다. 이는 논쟁적인 이슈를 접할 때 비판적으로 학습하며 지식과 주장을 습득하는 게 아니라, 무비판적이고 수동적으로 받아들이기 때문이다.

가끔 TV 토론을 보면 첨예한 정치 이슈를 둘러싸고 보수와 진보 진영의 정치인이 나와 이른바 설전을 벌이는 경우가 많다. 이때 밀의 이야기처럼 양측의 논리를 두루 꿰고 있으면서 논리적으로 주장을 펴는 토론자를 접하는 것은 흔한 일이 아니다. 하지만 대체로 소위 진보 정치인의 논리가 보수 정치인보다 탄탄하게 느껴지는 경우가 많다. 물론 모두가 그런 것은 아니지만, 조용히 듣고 있으면 주장 자체에는 동의할 수 없어도 논거를 들으면서 수긍이 가는 경우가 종종 있다. 반대로 보수 진영은 상대적으로 논리가 치밀하지 못한 경우가 많다. 보수의 주장에 심정적으로 동의하면서도, 그 논거가 빈약하게 느껴질 때도 많다. 왜 이런 차이점이 생기는 것일까.

계속 논의해왔던 것처럼 보수는 주로 기득권의 이익을 대변한다. 현재를 바꾸기보다는 지금의 상황을 유지하기를 원한다. 하지만 사람은 본능적으로 기존의 입장을 지속하려는 성향이 있다. 따라서 이를 바꾸기 위해서는 더욱 설득력 있는 이유가 필요하다. 그러므로 진보는 보수에 비해 더 많은 합리적 이유를 생각하게 된다. 또 기득권과 싸우면서 치열하게 토론하고 투쟁한다. 특히 미래에 대한 계획을 세우고, 이를 실현해갈 방법론을 논의하는 과정에서 진보 진영 안에서도 열띤 토론이 벌어진다. 이런 습관들이 몸에 배면서 진보는 보수보다 토론에 익숙해진다.

반면 보수는 일반적으로 진보에 비해 다소 권위적 문화에 길들어 있는 경우가 많기 때문에 자유롭게 의견을 피력하기보다는 순응하는 것에 더욱 익숙하다. 이렇게 여러 가지 복합적 경험들이 얽히고설키면서 보수 정치인은 소위 진보 정치인보다 '말발'이 약한 경우가 많다. 흔히 TV에서 유명한 토론자로 일컬어지는 사람들의 다수는 진보 진영의 인사들이다.

이는 소위 '논객'이라 불리는 지식인의 경우에도 마찬가지다. 한 가지 예를 들어보자. JTBC 프로그램 〈썰전〉에서는 한동안 캐릭터가 서로 다른 두 명의 논객이 출연해 큰 인기를 끌었다. 그런데 두 논객 중 진보적인 출연자는 논리적으로 자신의 의견을 피력하는데, 보수적인 출연자는 대뜸 호통을 치거나 자기 말을 강하게 내뱉는 등 비논리적인 경우가 많았다.

그렇다 보니 종종 호통을 치던 출연자가 프로그램에서 하차한 직후 서울신문 보도(2017년 7월 7일자)에는 '썰전 박형준 효과? 시청률↑'이라는 기사가 나왔다. 기사는 이전 출연자 대신 박형준 동아대 교수가 출연하게 된 소식을 전하면서 네티즌들의 반응을 소개했다. "이제 바둑 좀 두는 듯", "박형준 교수 잘하더라. 논리와 근거가 탄탄해서 듣기 좋았음", "○○○은 버럭이고 박 교수는 논리적으로 잘 풀어감" 등의 내용이었다.

이 출연자는 앞서 2017년 1월 JTBC 〈신년토론〉에서도 논란에 휩싸였다. 그는 토론 진행 도중 수차례 언성을 높이고 일방적인 주장을 펼치며 토론 분위기를 흐렸다. 함께 토론자로 나섰던 이재명 성남시장의 말을 끊고 "말도 안 되는 소리 말라"며 소리를 질렀고, 사회자인 손석희 앵커의 저지에도 아랑곳없이 자신의 말을 계속했다. 급기야 함께 〈썰전〉에 출연했던 다른 패널이 "그러면 보수는 상대방의 말을 듣지 않는다고 오해받는다"라며 말리기도 했다. 그는 오히려 "〈썰전〉도 그렇게 하지 않느냐"며 받아쳤지만, 방송 직후 시청자들의 반응은 싸늘했다.

과연 무엇이 문제였을까. 아마도 이 출연자는 토론의 중요한 원칙 두 가지를 잠시 잊었던 것 같다. 첫째, 토론에선 내용도 중요하지만 더 중요한 것이 자세라는 점이다. 밀은 자신의 주장만 피력할 게 아니라 상대방의 의견도 경청할 수 있어야 올바른 진리를 추구할 수 있다고 말했다. 특히 기득권을 가진 사람들의 경우 언어폭력을 쓰거나 고압적인 자세로 일관하다 반대 의견은 들어보지도 못하고 토론이 끝나는 경우가 있다고 했다. 결국 진리를 찾으려면 이런 언어폭력을 막는 것이 중요하다고 강조했다.

토론에서 태도는 무척 중요하다. 적절한 표현법을 모르고 비이성적으로 대처하거나 감정적으로 흐르기 쉬운 사람은 그 내용이 좋고 나쁨을 떠나 토론자로서 자격이 없다. 따라서 밀은 올바른 토론 자세를 갖지 못한 사람에 대해선 신랄한 비판을 해야 한다고 말했다. 반면 상대의 이야기를 경청하고 자세히 들어줄 준비가 된 사람은 그가 누구이며, 어떤 생각을 가졌든 존경해야 한다고 평가했다.

이처럼 토론에서는 유연한 자세와 바른 매너, 경청하는 태도가 내용보다 중요하다. 이는 마치 축구 선수가 미리 정해진 규칙에 따라 경기를 하는 것과 마찬가지다. 아무리 기량이 뛰어난 선수도 규칙을 어긴다면 그라운드 위에 설 수 없다. 밀은 누구보다 표현의 자유를 강조한 사람이지만, 자유를 보장받기 위해서는 그만한 자격을 갖춰야 한다고 했다. 이런 논리에서 본다면 적어도 앞서 지적한 보수 출연자는 올바른 토론자의 자세를 가지지 못했다고 볼 수 있다.

둘째, 토론에서 중요한 것은 사실과 의견을 구분하는 일이다. 그리고 의견을 말했다면 무조건 논증을 해야 한다. 만일 의견만 이야기하고 논거를 대지 않는다면 그 주장은 설득력이 없다. 따라서 상대방을 설득하기는커녕 심지어 싸우게 된다. 예를 들어 온몸에 문신을 한 사람을 목욕탕에서 만났다고 하자. 사람에 따라 다르겠지만 이런 반응을 보이는 경우가 있을 것이다.

"징그럽게 온몸에 문신을 하다니, 저게 제정신이니? 번듯하게 생겨서는 뭐 하는 짓인지 모르겠다."

만일 문신을 한 당사자가 이 말을 들었다면 “남이 문신을 하든 말든 무슨 상관이냐”라며 화를 냈을 것이고, 분명 싸움이 났을 것이다.

반대로 이렇게 말한다면 어땠을까.

“아까 탈의실에서 보니 몇몇 학생들이 선생님이라며 인사를 하던데. 어린이를 가르치는 교사로서 타투tattoo는 부적절한 것 같아. 물론 타투는 개인 취향이지만, 사리 분별이 부족한 아이들에게 선입견을 심어줄 수도 있잖아.”

만일 이 말을 당사자가 들었다면 다소 기분이 나쁠 수도 있지만 마땅히 반박할 근거가 없다. 어쩌면 오히려 머쓱해 할지도 모를 일이다. 위 두 사람 사이의 차이점은 뭘까. 양자 모두 자신의 의견을 말했지만 한 명은 주장만 펼쳤고, 다른 한 명은 논거를 댔다는 점이다. 결국 자신의 의견을 피력하는 토론에서는 더욱 엄격하게 사실과 의견을 분리해 말해야 하고, 의견을 낼 경우엔 그것을 뒷받침할 수 있는 논거를 대야 한다. 그렇지 않으면 올바른 토론을 할 수 없다.

6장

리라이트가 해야 할 것

리라이트가 해야 할 것

국가보안법과 신의 사제

앞에서 우리는 밀의 사상을 중심으로 리라이트가 미래 보수의 근본으로 삼아야 할 자유주의의 가치와 정신이 무엇인지 살펴봤다. 그렇다면 앞으로 리라이트가 이런 자유주의 정신을 이어받아 해야 할 일은 무엇일까. 나는 그 첫 번째 작업이 국가보안법(국보법)의 폐지라고 생각한다. 이는 우리가 사회적 자유주의를 실천하는 데 있어 반드시 넘어야 할 산이다.

한때 국보법은 신의 사제와 같은 역할을 했다. 이 법은 국가라는 '세속의 신'을 대리해 불온한 사상을 재단하고 그런 이들을 잡아 가두는 역할을 했다. 때로는 프로크루스테스의 침대처럼 맘에 들지 않는 사람을 찍어내고 자신의 프레임에 맞춰,

없던 범죄까지 만들어 혐의를 뒤집어씌웠다. 국보법은 국가주의 이데올로기를 강화하는 가장 핵심적인 수단이었다.

그런데 밀에 따르면 자유주의 사회에서는 국보법과 같은 법이 존재해서는 안 된다. 개인의 자유를 억압하는 법률은 제정될 수 없기 때문이다. 물론 타인의 자유를 침해할 경우 제한될 수 있다는 전제가 붙지만 말이다. 그러나 과거 정권이 정말 타인의 자유가 침해되는 일을 막기 위한 목적으로 국보법을 적용하고 개인의 자유를 구속했는지는 의문이다.

밀이 살았던 19세기 영국에도 국보법과 비슷한 법이 있었다. 기독교를 비판하면 안 된다는 내용의 법이었는데, 그 당시에도 이 법을 놓고 많은 논란이 벌어졌다. 1857년 영국의 콘월에선 한 남성이 기독교를 비방하는 말을 하고 자기 집 앞에 그런 내용을 써놨다가 법정에 끌려갔다. 몇 달 후 그는 왕의 사면을 받았지만, 밀은 이 일을 과거 예지자들을 억압하고 가뒀던 박해와 비교하며 비판했다.

또 같은 시기 올드 베일리라는 지역에서는 두 명의 배심원이 자신은 신앙을 갖고 있지 않다고 선언했다가 배심원 자격을 박탈당했다. 해당 법규에 따르면 신에 대한 믿음을 공표하지 않으면 법정에서 증언할 수 없었기 때문이다.

밀은 무신론자이면서 거짓말로 신을 믿는다고 말하는 이들은 용인하고, 자기의 양심대로 진실을 말한 사람을 거부하는 것은 매우 잘못된 일이라고 지적했다. 그는 이 법을 "증오의 화신", "박해의 상징"이라고 표현했다. 이처럼 밀은 맹신적인 종교적 믿음에 관한 법률의 폐단을 적나라하게 비판했다. 이 법이 존재하는 동안 사람들은 쉽게 자기 마음속의 이야기를 꺼낼 수 없었고, 지식인들은 양심에서 나오는 의견을 자유롭게 말하는 것이 불가능했다.

그런데 여기에서 신에 대한 믿음을 국가에 대한 믿음으로 바꿔보자. 그렇게 하면 우리의 국보법과 크게 다르지 않다. 과거 독재정권은 국보법을 통해 국가 체제에 대해 불경스런 말을 하는 자들을 잡아 가두고 고문했다. 그래서 조금만 다른 생각을 가져도 생업을 잃거나 경찰에 끌려갈 수 있다는 두려움 때문에 누구도 자신의 생각을 솔직히 표현하려 하지 않았다. 만일 조금이라도 잘못 이야기했다가는 '빨갱이'로 몰려 박해를 당하기 일쑤였다.

오늘날 영국에는 이런 법률이 사라진 지 오래다. 영미권의 모든 나라에서 종교의 자유가 보장되며, 여기에는 물론 신을 믿지 않을 자유도 포함된다. 신을 부정하는 사람이 늘었다고 해서 교회가 문을 닫은 것도 아니며, 신이 죽지도 않았다. 즉, 국보법이 사라진다고 우리 체제가 위협받을 일은 없다는 것이다.

이런 이유에서 자유주의를 보수의 본질이자 근본 정신으로 삼으려 한다면, 가장 먼저 국보법부터 폐지해야 한다. 그리고 이를 통해 자유주의를 기본 이념으로 한 리라이트가 나아갈 방향을 명확히 제시해야 한다. 더구나 국보법은 이미 사문화된 법률이나 다름없다. 움베르토 에코Umberto Eco의 표현을 빌리자면 "덧없는 장미의 이름만 남은" 구시대의 유물인 셈이다. 1998년에는 국보법 위반으로 830명이 기소됐지만 2017년에 기소된 이는 단 14명에 불과했다. 그것도 대부분 일반 형법으로 처벌 가능한 범죄들이었다.

초대 대법원장을 지낸 가인 김병로는 1953년 형법 제정 당시, 1948년에 만들어진 국보법을 폐지하자고 건의했다. 형법만으로도 국보법에 의해 처벌할 대상을 처벌하지 못할 조문은 없다는 논리였다. 전쟁 직후의 상황에서도 대법원장까지 나서서 필요 없다고 한 국보법이 21세기인 현재에 존재해야 할 이유가 있을까.

특히 국보법 7조 '반국가단체 활동 찬양, 또는 이적표현물 소지·유포'에 대한 조항은 위헌 논란까지 일고 있다. 국제인권위원회도 네 번이나 이 국보법 7조를 폐지 또는 개정해야 한다고 권고했다. 2017년 8월 수원지법 판사가 이 조항에 대해 위헌법률심판을 제청해, 현재 헌법재판소가 위헌성을 심사하고 있다.

국보법이 전쟁 후 북한 정권에 맞서 자유민주주의 체제를 수호하고 국민적 반공의식을 높이는 데 기여한 점은 분명 있을 것이다. 그러나 그 어떤 명분으로도 국보법에 의해 억울하게 탄압받은 많은 이들의 희생을 정당화할 순 없다. 이미 실효성마저 없어진 국가주의 시대의 폐습을 새로운 시대의 보수가 굳이 끌어안고 있을 이유도 없다. 현재의 우리는 북한의 주체사상에 경도될 만큼 민주주의의 성숙도가 낮지 않으며, 시민의 의식도 빈약하지 않다. 그런 의미에서 국보법은 이제 자유민주주의 체제를 수호하는 법률이 아니라 사회적 자유를 가로막는 국가적 폭력으로만 기능하고 있을 뿐이다.

영화 〈변호인〉은 국보법에 처벌당한 대학생들의 이야기를 다뤘다. 사건을 맡았던 공안검사는 대학생들이 E. H. 카Edward Hallett Carr의 《역사란 무엇인가》를 읽고 토론하며 이 내용을 유포했다는 죄목으로 기소했다. 바로 국보법 7조다. 그런데 영화 마지막 부분에서 변호인(송강호)이 영국 대사관에서 받은 자료를 공개한다. "《역사란 무엇인가》의 저자 E. H. 카는 영국을 대표하는 외교관이자 영국이 자랑스러워하는 학자다. 대한민국의 많은 국민들도 《역사란 무엇인가》를 읽어보기 바란다"라는 내용이었다. 실제로 카의 책은 오늘날 역사학도가 읽어야 할 필독서이자 개론서로 여겨지기도 한다.

보수가 리라이트로 재탄생하려면 과거의 잘못된 유물부터 벗어던져야 한다. 더욱이 구습과 적폐가 보수주의의 본질인 자유주의 정신에 어긋나는 것이라면 더욱 그렇다. 만일 보수가 이 문제에 대해 결단하지 않고 버틴다면, 머지않은 미래에 국보법을 끌어안고 역사의 물결에 휩쓸려 함께 떠내려가게 될 것이다. 보수가 사회적 자유주의를 실천하는 첫 번째 상징적인 사건은 표현의 자유를 억압하는 국보법을 철폐하는 일이다.

4차 혁명과 사회적 자유주의

앞서 리라이트가 사회적 자유주의를 실천하는 첫 번째 과제로 국보법 철폐를 이야기했다. 그렇다면 우리 삶과 문화에 사회적 자유주의가 뿌리를 내리기 위해서는 무엇이 필요한가. 이런 문화가 지금 시대에 더욱 절실하게 요구되는 이유는 무엇인가. 그것은 사회적 자유주의가 새로운 시대의 도도한 흐름이기 때문이다. 특히 4차 혁명이라 불리는 기술혁신의 미래가 사회적 자유주의를 갈구하고 있다. 이를 논하기 위해 먼저 우리 앞에 펼쳐질 미래의 모습을 간단히 짚고 넘어가자.

4차 혁명에 대해서는 수많은 논의가 있다. 그중 대표적인 것 중 하나가 '직업 증발'이다. 테슬라모터스·스페이스엑스 사의 CEO 일론 머스크는 2017년 두바이에서 열린 '월드 거버먼트 서밋World Government Summit'에서 "미래 사회는 인공지능의 상용화로 인간의 20%만 의미 있는 직업을 갖게 될 것"이라고 말했다. 실제로 '2033년까지 현재 일자리의 46%가 사라질 것'(영국 옥스퍼드대)이라는 등의 연구 결과가 이 같은 전망을 뒷받침하면서 많은 논란과 충격을 안겨주고 있다.

국내 연구도 이와 다르지 않다. 한국직업능력개발원은 '2027년 국내 일자리의 52%가 AI로 대체될 것'이라고 예측한다. 한국고용정보원에 따르면 현재 사람이 수행하고 있는 능력의 상당 부분이 미래에는 쓸모없어질 것으로 전망된다. 2030년에는 국내 398개 직업이 요구하는 역량 중 84.7%에서 AI가 인간보다 낫거나 같을 것이라는 분석이다. 전문영역으로 꼽혔던 의사(70%), 교수(59.3%), 변호사(48.1%) 등의 역량도 대부분 AI로 대체될 전망이다. 경찰관(88%), 약사(84.2%), 미용사·보험영업원(79.2%), 영양사(76%) 등도 마찬가지다.

지금까지의 기술혁명은 모두 인간의 직업을 사라지게 만들었다. 1980년대 중반까지만 해도 전국 곳곳에서 볼 수 있던 버스 안내원은 자동문과 하차 벨이 생기고 교통카드가 상용화되면서 불과 몇 년 사이에 사라졌다. 미국에서 1880년대에 처음 등장한 엘리베이터 도우미는 1950년대에 12만 명으로 정점을 찍더니 1960년대에 6만 명으로 반 토막 나고, 얼마 후 완전히 없어졌다. 산업의 발달로 일어난 대표적인 직업 증발의 사례다.

AI가 기술적 특이점Singularity, 기계가 인간의 능력을 넘어서는 시점에 가까워질수록 이러한 직업 증발의 강도는 더욱 세질 것이다. "조만간 AI가 지식과 정보의 습득 능력뿐 아니라 논리와 추론의 영역에서도 인간을 뛰어넘을 것"(미래학자 레이 커즈와일)이기 때문이다. 일본의 소프트뱅크 손정의 회장은 "30년 후 특이점이 올 것"이라고 예측한다.

그렇다면 미래의 인간은 어떻게 해야 할까. AI가 인간 직업의 상당 부분을 대체하는 시대에 살아남으려면, AI가 가질 수 없는 역량을 길러야 한다. 먼저 AI의 본질에 대해 알아보자. AI는 말 그대로 인공 '지능intelligence'이다. 일반적으로 지능은 추리와 연산, 논리 등을 가능하게 하는 인지 능력을 뜻한다. 하지만 인간에게는 지능만 있는 것이 아니다. 누군가를 좋아하고 싫어하며, 새로운 걸 만들어내고 상상하는, '생각thinking'할 줄 아는 능력이 있다. 그에 비하면 아무리 능력이 뛰어나다 해도 AI는 디지털로 구성된, 잘 짜인 하나의 알고리즘이라 할 수 있다.

인간이 세상을 인지하고 판단 능력을 갖출 수 있는 것은 경험과 그에 바탕을 둔 학습 때문이다. 마찬가지로 AI 역시 데이터가 있어야만 지능을 가질 수 있다. 결국 AI가 존재하기 위해서는 세상의 아날로그 정보를 디지털 언어로 전환해야 한다. 여기에서 정보는 0과 1의 조합, 즉 디지털로 변환 가능한 정량화된 기호 체계를 의미한다. 하지만 정량화하기 어려운 정보는 입력 자체가 쉽지 않다. 대표적인 것이 바로 '직관直觀, intuition'이다.

직관은 보통 '통찰洞察, insight'과 함께 쓰이는 경우가 많은데, 평범한 사람들이 생각해내지 못하는 것들을 본질적인 곳까지 깊이 바라보는 사람을 일컬어 통찰과 직관이 뛰어나다고 한다. 둘 모두 '내적(in-)'이라는 의미를 담고 있다. 그런데 통찰이 '예리한 관찰력으로 사물과 현상을 꿰뚫어보는 것'인 반면, 직관은 '감각과 경험, 연상, 판단, 추리 따위의 사유작용을 거치지 않고 대상을 직접적으로 파악하는 것'이다. 즉 통찰은 경험한 정보를 날카롭게 살펴보고(sight) 논리와 추론을 통해 결론을 내는 것이지만, 직관에는 이성적 사고의 과정이 생략돼 있다. 통찰이 관찰을 통해 꿰뚫어보는 능력이라면, 직관은 딱 보면 아는 것이다.

한편 직관의 영역 중에서도 최상위에 있는 것이 바로 창의성이다. 알베르트 아인슈타인은 "인간의 능력 중 제일 가치 있는 것은 직관과 그로 인해 나타나는 상상력"이라고 말했다. 세계적 미래학자 제러미 리프킨Jeremy Rifkin도 인류가 '노동의 종말' 시대를 향해 가고 있다고 진단한다. 생산기술의 자동화로 기존 산업에서 더 이상 인간 노동자가 거의 필요하지 않게 될 것이라는 전망이다.

결국 AI와 자동화 기술로 인간 일자리의 상당 부분이 대체

될 것이기 때문에, 인간은 AI가 할 수 없는 일을 해야 한다. 실제로 많은 전문가들이 미래에 가장 필요한 능력으로 창의성을 꼽고 있다. 2017년 중앙일보는 한국 사회를 이끌어가는 각 분야의 리더 100명에게 미래 사회에 필요한 인재의 역량을 물었다. 많은 이들이 첫 번째로 꼽은 것이 바로 창의성(299명, 중복응답)이었다. 아이폰을 개발해 21세기의 가장 혁신적 기업인으로 꼽히는 스티브 잡스Steve Jobs도 생전에 창의성이 미래 인재의 가장 중요한 능력이라고 강조했다.

그런데 이런 창의성은 자유주의의 토양에서 자란다. 권위적이고 수직적인 문화에서는 창의성과 상상력이 배양되기 어렵다. 밀은 이런 의미에서 사회 구성원 각자의 개별성을 강조했다. 그래야만 사회가 발전할 수 있다. 개별성이 보장되지 않는다면 그 사회는 성장의 동력을 잃고 앞으로 나아갈 수 없다. 인간 개개인의 개별성이 존중받고 자유롭게 자아실현을 할 수 있을 때 사회 전체의 문명 수준도 높아진다.

그러나 우리 사회는 지나치게 엄숙하고 권위주의적이다. 불과 몇 년 전까지만 해도 학교에선 두발 단속이 있었다. 외모는 개인의 개성을 드러내는 가장 쉬운 방법 중 하나다. 그러나 '용모 단정'이라는 슬로건 아래 학생들을 하나의 틀로 묶어두려 했던 것이다. 이유는 하나뿐이다. 그렇게 해야 학교가 학생을 통제하기 쉽기 때문이다. 이런 논리는 비단 학교뿐 아니라 직장과 사회에도 그대로 적용된다. 정치의 영역에서 정치인 개인의 의견보다 당 전체의 이념이 더욱 강조되는 것도 같은 이치다. 하지만 개별성을 억압하는 모든 구조와 체제는 그저 전체주의의 다른 이름일 뿐이다.

리라이트를 핵심 이념으로 한 미래 보수는 사회적 자유주의를 더욱 확대해야 한다. 그 기저에는 창의적인 개인들 각자의 개별성이 깔려 있다. 미래에 우리는 지금껏 경험해보지 못한 새로운 도전들에 직면할 것이다. 이를 안정적으로 헤쳐나가기 위해서는 개개인의 능력이 최대한 발현될 수 있고, 이들의 결과물이 사회 전체의 공동선으로 합치될 수 있는 제도와 문화를 만들어야 한다. 그것이 바로 미래의 보수가 할 일이다.

또한 이처럼 자율과 개별성을 강조하는 정신은 말이 아니라 행동으로 이뤄져야 한다. 특히 보수는 이 같은 사회적 자유주의를 실현하기 위해 교육 어젠다에 더 큰 관심을 기울여야 한다. 여기에는 미래를 준비하면서 과학과 기술, 산업에만 경도된 편향된 시각을 바로잡자는 뜻도 있다.

교육은 리라이트의 미래

리라이트의 생각과 가치를 공유하는 이들이 많아지려면 무엇보다 교육이 선행돼야 한다. 자유주의적 관점을 체득한 이들이 많아져야 리라이트가 현실 정치에서 뿌리를 내릴 수 있다. 아울러 교육은 미래의 가장 중요한 어젠다이기도 하다. 그런 의미에서 미래는 '휴마인Humine, Human+Mine'의 시대라고 부를 수 있다. 19세기에 금광이, 20세기에 석유가 그랬던 것처럼 21세기는 사람이 핵심 자원이 되는 시대라는 뜻이다.

앞으로 나라의 국력을 따지는 주요 지표인 GDP의 개념도 사람을 중심으로 변하게 될 것이다. 1년 동안의 총생산량이 얼마인지가 중요한 게 아니라 생산을 할 수 있는 자산, 특히 인적 자산이 얼마나 많은지가 그 나라의 국력이 될 것이기 때문이다. 그러므로 우리는 지금보다 훨씬 더 교육에 관심을 가져야 한다.

그렇다면 어떤 교육이어야 할까. 앞서 살펴본 것처럼 앞으로는 인간의 상상력과 창의성이 미래를 좌우하게 된다. 지금까지는 기존에 있는 직업과 산업 분야에서 열심히 경쟁하여 1등을 차지하면 됐지만 이제는 전에 없던 일자리와 새로운 비즈니스를 만들어내야 성공할 수 있다. 창의성과 상상력을 키우는 것, 올곧은 마음과 바른 매너를 갖도록 하는 일이 학교의 가장 큰 사명이다. 그러나 현재의 교육 체제로는 이런 목적을 전혀 달성할 수 없다. 지금의 교육 방식은 19세기 산업사회가 만들어놓은, 단순 노동자를 키우는 데 최적화된 시스템이기 때문이다. 더욱이 진보 정부가 강조하는 교육정책의 방향은 필연적으로 하향평준화로 갈 수밖에 없다. 역사의 수레바퀴를 뒤로 돌리고 있는 것이다. 지금처럼 획일성을 강조하고 개별성을 억압하는 교육 체제에서는 미래 인재를 키워낼 수 없다. 그러므로 보수가 나서서 가장 먼저 신경 써야 할 부분이 교육이다.

전략적인 측면에서도 보수가 교육을 공략해야 할 이유는 매우 충분하다. 첫째, 미래의 주역들이 어떤 가치관과 태도를 갖고 성장하는가는 정치에서 매우 중요한 이슈다. 지금 당장의 표만을 바라보는 근시안적 정치인이라면 큰 관심이 없겠지만, 진정 대한민국의 미래를 생각하는 정치인이라면 교육에 관심을 갖지 않을 수 없다. 하지만 그동안 보수는 교육에 문외한이었거나 큰 열정을 쏟지 않았다. 왜 그랬을까.

먼저 교육은 정책 수혜자와 유권자가 일치하지 않는다는 특수성을 갖고 있다. 그러므로 수요자인 학생들의 니즈needs를 반영하려는 노력이 부족했다. 오히려 학부모와 교사 등 표를 가진 어른들의 입맛에 맞는 정책을 펴왔다. 민주주의와 시장경제를 근간으로 하는 사회에서 수요자의 니즈를 맞추지 않고 세운 정책이니 그 효과가 어땠을지는 불 보듯 뻔하다.

다음은 학교 현장에 미치는 전교조의 목소리가 매우 크다는 점이다. 특히 교육감을 선거로 뽑게 되면서 대부분의 지역에서 전교조 출신이거나 전교조를 지지하는 진보 성향의 교육감이 대거 당선됐다. 자치단체 안에서 별다른 견제 세력이 없는 교육감은 매우 막강한 권한을 갖고 있다. 또 교육부의 손길은 학교 곳곳에까지 닿지 않는다. 그러므로 학교와 교사는 교육감의 영향에서 절대 자유로울 수 없다.

이런 상황이다 보니 교실이 한쪽으로 편향된 이념의 장으로 변질되는 경우도 많다. 물론 학교가 순도 100%의 비정치적 공간일 수는 없다. 오히려 교실에서 지금보다 더욱 치열하게 정치 이슈를 다뤄야 한다. 다만 그 방식은 자유주의적이며 중립적이어야 한다. 하지만 현재로서는 보수와 진보를 떠나 학교에서 열린 마음과 자세로 정치 이슈를 논할 수 있는 여건이 되지 않는다. 어떤 방식으로 정치 이슈가 교실에서 논의돼야 하는지, 다시 말해 토론의 원칙이 무엇인지에 대해서는 뒤에서 다시 이야기하겠다.

보수가 교육에 전략적으로 집중해야 할 두 번째 이유는 진보 정권의 가장 약한 고리가 교육이기 때문이다. 2017년 한국갤럽이 문재인 정부의 각 분야별 국정 지지도를 조사했더니 교육이 꼴찌였다. 실제로 현 교육부는 어린이집 영어 수업 금지, 수능 절대평가 전환 등의 이슈를 제기했다가 여론의 싸늘한 시선을 받고 있다. 진보 정치인을 지지하는 국민도 교육 문제만큼은 매우 비판적이다. 특히 수능 절대평가 전환과 학종(학생부종합전형) 확대 등 문재인 정부의 공약에 대해서도 비난

여론이 크다.

이럴 때일수록 보수가 중심을 잡고 안정적으로 교육 어젠다를 이끌어가야 한다. 특히 미래지향적이지 못하고 역사를 후퇴시키는 교육정책에 대해서는 더욱 강력하고 비판적인 목소리를 내야 한다. 무엇보다 다양성을 훼손하고 획일성을 강조하는 현재의 교육정책을 바로잡아야 한다.

가장 대표적인 것이 정권 초부터 제기된 외국어고·자사고 폐지 문제다. 이 학교들이 입시기관으로 전락했다는 문제의식에는 동의한다. 그런데 과연 대한민국 고등학교 중 입시로부터 자유로운 학교가 얼마나 될까. 과도한 입시 집중은 공교육 전체의 문제이지, 외국어고나 자사고를 폐지한다고 해결될 일이 아니다.

그럼에도 문재인 정부는 1980년대식 해법으로 일관하고 있다. 자율성과 다양성을 억압하고 획일성을 강조해 평등을 추구하는 것은 19세기 산업 시대에나 걸맞은 교육 방식이다. 더 나은 교육을 받고 싶은 욕망과 수요를 억제하는 것은 자유주의에 역행한다. 특히 과거 우리의 1인당 GDP가 1만 달러 시대였을 때와 3만 달러인 현재의 교육관은 다를 수밖에 없다. 또 그때는 자녀가 많았지만 지금은 한 가정당 한두 명이다. 그러므로 부모들이 자녀의 교육에 투자하는 열정과 시간, 비용이 더 큰 것이 당연한 일이다.

이런 상황에서 만일 외국어고·자사고를 모두 폐지한다면, 이 학교들에 몰렸던 수요는 어디로 가게 될까. 결과는 뻔하다. '강남 8학군'의 부활이 예견된 수순이나 마찬가지다. 결국 좋은 학군을 가진 부자 동네의 집값만 더욱 올리는 꼴이 되고 말 것이다. 그나마 전국에 100여 곳의 외국어고·자사고가 있을 때에는 굳이 부자 동네에 가지 않아도 이와 같은 교육 수요를 충족할 수 있었지만, 현 정부의 정책이 실현되면 이는 불가능해질 것이다.

현 정부의 이런 교육정책이 지지를 받지 못하는 또 다른 이유 중 하나는 '내로남불' 때문이다. 교육부 장관을 비롯한 청와대 수석 등 고위 관료들은 이미 자신의 자녀를 외국어고나 '강남 8학군'의 학교에 보내 졸업시켰다. 그러면서 다른 이들은 그렇게 하지 못하도록 막겠다는 행동은 크나큰 공분을 살 수밖에 없는 일이다. 이는 대표적인 '사다리 걷어차기'의 행태이기 때문이다.

이처럼 말도 안 되는 교육정책을 펴는 근본적 이유 중 하나는 교육 정책의 최우선 목표가 '사교육 절감'이기 때문이다. 물론 이는 보수 정권에서도 마찬가지였다. 그런데 지금의 사교육 문제는 결과라고 할 수 있으며, 그 자체가 정책 목표가 될 순 없다. 즉, 공교육이 부실해서 생긴 문제를 해결하려면 그 원인인 공교육의 내실을 다지는 방향으로 가야 한다는 의미다.

사교육이 문제라고 해서 사교육을 잡겠다는 목표를 내세우면 문제의 원인을 해결하지 못하고 현상에만 집착하는 '대증요법'으로 끝나기 쉽다.

그런데 보수 정치인들은 이런 문제를 아는지 모르는지, 현 정부가 하나둘씩 교육을 망쳐갈 때 마치 강 건너 불구경하듯 방치하고 있다. 이런 식으로 계속 교육정책이 흘러간다면 미래의 대한민국은 껍데기만 남게 된다. 현 정부의 지지자들도 불만이 많은 교육 분야에서 보수가 안정적인 청사진을 보여주며 책임 있게 이끌어간다면, 다시 보수가 국민으로부터 인정받을 수 있는 발판이 될 것이다. 무엇보다 교육은 미래의 자원인 인재를 키우는 '휴마인'이라는 점에서 보수가 집중해야 할 핵심 어젠다 중 하나다.

지금까지 보수가 왜 특히 교육 문제에 집중해야 하는지 살펴보았다. 그렇다면 다음 장에서는 교육에 어떤 내용을 담아야 하는지 따져보겠다. 사실 이것만으로도 충분히 책 한 권 분량이 나올 만한 주제다. 교과목 중심 교육에서 역량 중심 교육으로의 전환, 창의성과 인성, 융복합 능력을 키우는 STEAM 교육 등 방대한 내용이 있다. 하지만 이 책의 주제에 맞게 리라이트 교육의 핵심인 자유주의적 관점으로만 한정하여 살펴보겠다.

자유 시민의 탄생

새로운 미래의 보수, 즉 리라이트를 통해 궁극적으로 추구해야 할 것은 결국 자유 시민의 양성이다. 민주주의 사회를 자유주의 정신으로 떠받칠 수 있는 굳건한 보수의 터전을 닦는 일이다. 그러려면 이를 실천하는 구성원이 필요하다. 민주주의 사회를 지탱하는 것은 국가도 제도도 아닌 성숙한 개인이다. 그러나 모든 개인이 자유주의 사회의 주체일 수는 없다. 성숙한 의식을 바탕으로 자유에 따르는 책임을 짊어질 수 있는, 교양과 지혜를 갖춘 시민만이 자유주의 사회의 주체가 될 수 있다. 반대로 올바른 판단 능력을 갖고 있지 못하고 공동체의 문제에 수동적이며 시민의 덕성이 내재되지 못한 사람은 자유주의의 발전에 도움이 되지 않는다.

결국 보수가 자유주의를 핵심 이데올로기로 삼고 리라이트로 나아가기 위해서는 건강한 자유 시민을 키워 성숙한 민주주의 사회를 만들어야 한다. 따라서 자유 시민을 양성하기 위한 시민교육에도 큰 힘을 쏟아야 한다. 이때 시민교육은 단순히 학교에서만 이뤄지는 게 아니라 생애주기에 걸쳐 평생 진행돼야 한다. 즉, 초중고급별 시민교육과 대학에서의 시민교육, 직장과 지역사회에서의 시민교육이 함께 움직여야 한다는 의미다.

최근에는 지자체를 중심으로 마을공동체와 주민예산제도처럼 주민의 직접 정치 참여를 활성화하려는 곳들이 많다. 그런데 대부분의 현장을 살펴보면 주민의 참여가 생각보다 많지 않거나, 참여한다 하더라도 원활하게 작동하지 않는다. 그 이유는 무엇일까. 이는 우리 사회의 정치가 엘리트 중심으로 구조화되어 있기 때문이다. 즉, 정치가 이른바 '그들만의 리그'이기 때문에 일상 속에서 주민들이 관심을 가지기 어렵다. 선거 때만 반짝 하고 열정을 보이다 선거가 끝나면 다시 일상으로 돌아간다.

하지만 정치에서 시민의 역할이 이벤트로 끝나서는 안 된다. 자신이 사는 지역의 문제에 관심을 갖고, 이를 해결하기 위해 적극적으로 참여하고 자신의 행동에 책임을 지는 모습을 보여야 한다. 즉 엘리트 중심의 거대담론 정치에서 주민들의 문제 해결형 민주주의로 가야 한다. 지금 우리의 현실이 이처럼 참여하는 시민을 많이 갖고 있지 못한 것은 각 개인이 시민으로 성장할 만한 기회를 가져본 적이 없기 때문이다. 다시 말해 제대로 된 시민교육을 받지 못했다는 뜻이다. 결국 시민교육과 시민정치가 함께 가야 한다는 이야기다.

그렇다면 우리는 어떤 방식으로 시민교육을 실천해야 하는가. 이에 대해서는 뒤에서 자세히 설명할 것이다. 먼저 우리는 시민교육이 또 다시 어떻게 정략화되고, 엘리트 정치인·관료에 의해 이용되고 있는지를 살펴봐야 한다. 시민교육이 엘리트에 의해 어떤 식으로 악용되고 있는지 알아야 제대로 된 교육을 펼칠 수 있기 때문이다.

시민교육을 두고 보수와 진보 정치인 사이에 갈등이 있다고 하면 상식적으로 잘 납득이 되지 않을 것이다. 그러나 현실에서는 이런 코미디 같은 상황이 벌어지고 있다. 시민교육, 그리고 이와 비슷한 다른 교육을 지칭하는 명칭 사이에 묘한 갈등과 대립이 숨어 있다. 즉, 사실상 바른 품성을 갖춘 시민을 기른다는 동일한 목표를 갖고 있으면서도 보수에서는 인성교육이라는 단어를 사용하고, 진보에서는 민주시민교육이라고 부른다. 실제로 보수 교육감들은 교육청 안에 인성교육과를 두고 있는 반면, 진보 교육감들은 민주시민교육과를 두고 있다. 심지어 경기도교육감 출신인 김상곤 장관은 교육부에 있던 인성교육과를 없애고 민주시민교육과로 명칭을 변경했다. 당시 교육부는 "과거 인성교육과가 하던 업무를 민주시민교육과가 그대로 하고 있다. 명칭은 달라졌지만 하는 일은 똑같다"라고 말했다. 간판만 바꿔 달았다는 이야기다. 그럼 도대체 왜 이름을 바꾸었을까. 이는 앞서 설명한 대로 보수와 진보가 인성교육과 민주시민교육이라는 표현을 두고 기 싸움을 벌이고 있기 때문이다.

이유는 이렇다. 먼저 과거에 실시됐던 인성교육에 대한 부정적 이미지가 남아 있다. 1994년 국민교육헌장이 없어질 때까지 인성교육은 국가가 특정 이념과 덕목을 주입하는 형식으로 이뤄져왔다. 권위적이고 억압적인 면도 없지 않았다. 그 때문에 2000년대 이후 진보적인 교사와 이론가 사이에서 '시민교육'이 강조되기 시작했다. 단순히 착하고 말 잘 듣는 아이가 아니라, 주체적으로 판단하고 생각할 줄 아는 시민을 길러내자는 취지다. 학교를 민주적인 공간으로 만들자는 의미에서 앞에 '민주'라는 표현도 덧붙었다.

두 번째로 2012년을 전후하여 '인성교육'이란 단어가 보수 진영의 전유물처럼 되어버린 측면도 있다. 대구 중학생 자살 사건을 계기로 정부는 인성교육을 근본 해법으로 제시하며 범정부적 노력을 기울였다. 당시 한국교총 등 정권에 우호적이던 보수단체를 중심으로 인성교육실천범국민연합이라는 단체가 만들어지고 정부 예산도 투입됐다. 2014년 12월에는 세계 최초로 인성교육진흥법이 제정됐다. 하지만 진보 진영은 반대 방향으로 갔다. 진보 교육감이 있는 경기도와 서울을 중심으로 민주시민교육과가 생기고, 학생인권조례 같은 조치들을 취했다. 그러면서 두 진영 사이의 묘한 기 싸움이 시작되었다.

그러나 사실 인성교육과 민주시민교육은 그 목적에서 큰 차이가 없다. 인성교육진흥법은 인성교육을 "자신의 내면을 바르고 건전하게 가꾸고 타인·공동체·자연과 더불어 살아가는 데 필요한 인간다운 성품과 역량을 기르는 교육"이라고 정의했다. 이는 경기도 조례에 나오는 민주시민 교육의 정의("민주시민으로서 사회 참여에 필요한 지식, 가치, 태도를 배우고 실천하게 하는 교육")와 다르지 않다.

전문가도 둘을 크게 구분해 쓰지 않는다. 특히 최근의 인성교육은 과거와 달리 '바른 품성'뿐 아니라, '시민적 역량'을 함께 기르는 것으로 인식된다. 인성교육진흥법의 초안을 만든 정창우 서울대 윤리학과 교수는 "과거의 인성교육은 도덕과 규범의 측면이 강했지만 최근에는 시민적 인성을 강조하는 방향으로 가고 있다"면서 "시민교육이 사회와 공동체에 초점을 맞췄다면 인성교육은 내면의 품성까지 아우르는 포괄적 의미"라고 설명하고 있다.

물론 같은 내용의 교육이라도 문화에 따라 부르는 명칭이 다를 수 있다. 예를 들어 프랑스와 영국에서는 '시민교육Éducation Civique(프랑스), Civic Education(영국), 독일은 '정치교육Politische Bildung', 미국은 '인성교육Character Education' 등이 주로 쓰인다. 그러나 한 사회에서 똑같은 교육 내용을 놓고 두 진영이 서로 다른 표현 방식으로 치열하게 다투는 경우는 드물다.

결국 한국에서는 시민교육을 한다면서도 보수와 진보가 '인성교육'과 '민주시민교육'처럼 서로 다른 명칭을 사용하며 갈등을 조장한다. 하지만 우리에게 시민교육은 무엇보다 필요한 일이다. 그런 의미에서 나는 양자를 아우를 수 있으면서 시민 양성이라는 본연의 목적을 잘 표현한 '시민교육'이라는 단어로 일원화할 것을 제안한다.

그러면 우리가 추구하는 시민교육은 어떤 모습이어야 할까. 그 자세한 방법론에 대해 독일의 사례를 예로 들어 다음 장에서 알아보자.

매력 시민의 나라 독일

독일은 명실상부한 유럽의 리더다. 1,2차 세계대전의 주범으로 유럽 전역을 살육의 장으로 몰아넣었던 독일이 불과 한 세기도 지나지 않아 유럽의 대표 국가가 되었다. 현재 독일의 '하드파워'와 '소프트파워' 모두 뛰어나다고 할 수 있다. 28개 유럽연합EU 국가 중 가장 많은 분담금(2015년 기준 156억 유로)을 내고 있어 EU에서의 영향력도 가장 크다. 경제 규모를 나타내는 국내총생산GDP은 EU 전체의 21%를 차지한다. 실업률은 4.6%(2017년)에 불과해, 10%대에 육박하는 EU 전체와 비교하면 거의 완전 고용 상태를 이루고 있다.

독일의 더 큰 매력은 '소프트파워'다. 코트라KOTRA의 조사 결과에 따르면 기능이 비슷한 제품이라도 한국산이 100달러라면 독일산은 149달러이다. 일본산(139달러), 미국산(135달러)보다 훨씬 높다. 신뢰와 성실 등 독일에 대한 좋은 이미지가 독일 제품에 '국가 프리미엄'이 붙게 하는 것이다. 그리고 그 밑바탕에는 독일 국민에 대한 호감과 믿음이 자리 잡고 있다. 2015년 중앙일보가 성인 3068명을 대상으로 가장 매력적인 국민과 그 이유를 물었는데 독일인(23.6%)이 압도적 1위를 차지했다. 성숙한 시민의식과 관용 정신을 가지고 있다는 것이 이유였다. 실제로 2015년 난민 사태 때 독일인들은 넓은 포용력을 보이며 편협성을 보인 다른 유럽 국가들의 반면교사가 되기도 했다.

이처럼 독일이 종전 반세기 만에 유럽의 리더로 성장할 수 있던 것은 성숙한 시민의식 때문이다. 자신과 다른 의견도 존중하고 수용하는 포용과 개방의 정신, 타인에게 피해를 주지 않으며 제 역할을 다하는 책임감을 강조하는 시민의 존재가 오늘날의 독일을 만든 것이다.

그렇다면 독일 시민이 원래부터 훌륭했을까.

그렇지 않다. 독일도 한국처럼 민주주의를 '수입'한 나라다. 오랜 역사 속에서 스스로 '시민'이란 개념을 발명하고 혁명과 투쟁을 통해 이를 학습한 영국이나 프랑스 등과는 여건이 다르며, 원래부터 성숙한 시민이 존재했던 것도 아니다. 한 세기 전 독일을 보자. 민주주의라는 제도를 흉내는 냈지만 그 내용까지 완벽하지는 못했다. 대표적인 예가 나치의 집권이다. 나치는 민주주의의 꽃이라 할 선거를 통해 제 1당이 됐고, 당수인 히틀러는 국민투표에서 88.1%의 압도적 지지로 총리와 대통령을 겸하는 총통 자리에 올랐다. 그러나 민주적으로 선출된 히틀러는 인류 역사에 씻기 힘든 엄청난 비극을 저질렀다.

전후 독일 지식인들의 가장 큰 고민도 이 부분이었다. 나치의 역사적 만행을 답습하지 않으려면 어떻게 해야 하는가 하는 질문이 1950년대 독일 사회의 가장 큰 화두였다. 그리고 독일인은 그 답을 '깨어 있는 시민'에서 찾았다. 시민의식이 살아 있었다면 선거와 투표에서 나치와 히틀러의 집권을 막을 수 있었을 것이라고 반성했고, 히틀러의 집권과 독주에 대한 책임을 다른 곳으로 떠넘기지 않고 자신들의 책임으로 인정한 것이다.

이런 반성에서 출발하여 독일은 정부가 막대한 재정을 투입해 초중고교부터 성인에 이르기까지 평생교육의 관점에서 시민교육을 시작했다. 또 독일의 보수·진보를 대표하는 정치인·지식인 등이 한자리에 모여 '이념과 정파를 뛰어넘는 시민교육 3원칙'을 합의했다. 이를 회의가 열린 도시의 이름을 따 '보이텔스바흐Beutelsbach 협약'이라고 부른다. 이 시민교육의 세 가지 원칙은 ▶강압적인 교화敎化와 주입식 교육을 금지해 학생의 자율적 판단을 중시하며 ▶논쟁적 주제는 수업 중에 다양한 입장과 논쟁 상황이 그대로 드러나도록 하고 ▶학생의 상황과 이해관계를 고려해 스스로 시민적 역량을 기르도록 돕는다는 것이다.

그 결과는 어땠는가. 먼저 독일은 자신의 역사적 과오를 반성하며 성찰하는 모습을 보여주었다. 1970년 폴란드의 유대인 위령탑 앞에서 찍힌 한 남성의 사진은 이를 상징적으로 잘 보여준다. 바로 서독의 빌리 브란트Willy Brandt 총리다. 그는 위령탑 앞에 무릎을 꿇고 눈물 흘리며 진심 어린 사죄를 했다. 세계대전 때 유대인 600만 명을 학살한 히틀러의 악행을 '대속代贖'한 것이다.

그 후에도 독일 지도자들의 사죄와 반성은 계속됐다. 2013년 앙겔라 메르켈Angela Merkel 총리는 유대인 수용소를 찾아 희생자들 앞에서 사과하며 "나치의 만행은 아무리 사과해도 지나치지 않으며, 독일인의 영원한 책임"이라고 말했다. 이런 독일의 진심 어린 사죄와 반성은 이웃 나라들로부터 용서를 이끌어냈다.

독일 시민교육의 핵심 목표는 '선입견이 없는 (사람)'이란 뜻을 가진 'Unvoreingenommen'이라는 단어로 압축된다. 독일은 이 같은 내용을 바탕으로 초등학교 5학년 때부터 고교 졸업 때까지 시민교육을 의무로 하고 있다. JTBC의 예능 프로그램 〈비정상회담〉에서 논리 정연한 말솜씨로 유명한 다니엘

린데만의 사례를 들어보자. 그는 시민교육 시간에 (학년별로 주제는 달랐지만) 보통 일주일에 두 번씩 사전에 미리 알려준 주제로 자료를 조사하고, 수업시간엔 열띤 토론을 했다고 이야기했다. 린데만은 그중에서도 고등학교 1학년 때 몇 주 동안 교실의 모든 학생이 참여해 민주주의와 사회주의에 대해 논쟁을 벌였던 수업이 인상 깊었다고 한다.

그는 "애덤 스미스에서 시작해 마르크스, 또 현대 자본주의와 공산주의에 대해서까지 친구들과 열정적으로 토론했다"라고 회상했다. 이 수업의 특징은 자신의 생각과 관점에서만 말하지 않고 상대의 입장을 공감하도록 서로 입장을 바꿔가며 논의한다는 점이었다. 지난 시간에 민주주의 편에서 이야기했다면 이번 시간엔 사회주의 편에서 토론하는 식으로, "다양한 관점을 취하면서 각 체제의 장단점을 파악할 수 있도록 하는 것이다. 그는 특히 "민주주의와 자본주의 체제가 왜 우월한지를 주입식이 아니라 스스로 느끼고 판단하는 방식으로 배웠다"라고 설명했다.

이 같은 시민교육은 성인이 된 후에도 계속된다. 독일에는 정치·사회·환경·노동 등 실생활과 밀접한 이슈의 강의가 개설된 시민대학과 정치교육원이 전국에 1,000여 개에 달한다. 이런 교육기관들은 주로 주민들이 일상적으로 겪는 지역 현안을 다룬다. 예를 들어 2014년 벤츠의 본사가 있는 슈투트가르트 지역에서 '중앙역 지하화'를 놓고 주민 사이에 의견이 크게 엇갈린 적이 있다. 그러자 이곳의 시민대학에서 이 문제를 놓고 공개 토론하는 수업을 개설했다. 이 수업에는 시민 200여 명이 참여했다. 중앙역 지하화를 찬성·반대하는 전문가가 먼저 논거를 제시하자 수강생들끼리 자신의 논리를 다듬어 토론을 벌였다. 또 이 토론회에는 주 정부와 의회 인사들도 참여해 주민들의 의견을 경청했다. 자유롭게 개진되는 이야기 중에서 의미 있는 것은 정부의 의사결정에 반영되기도 한다. 시민교육과 주민들의 정치 참여가 동시에 이뤄지고 있는 것이다. 2014년 기준으로 슈투트가르트에서는 전체 주민 60만여 명 중 약 4만여 명이 시민대학이 개설한 시민교육에 참여했다.

이처럼 시민교육은 책을 달달 외거나 앉아서 수업을 듣는다고 되는 일이 아니다. 직접 현실에 참여하고, 자신의 결정에 책임지면서 습득할 수 있는 것이다. 선거 때에만 시민의 권리를 행사하는 형식적 민주주의만으로는 성숙한 국가 체제와 문화를 갖출 수 없다. 담론·이념 중심의 엘리트 정치가 주민 중심의 문제해결형 민주주의로 바뀌어야 하는 이유다. 그 과정에서 시민 자치와 시민교육은 따로 분리될 수 없는 것이며, 동전의 양면처럼 함께 가야 한다.

그런 의미에서 독일의 사례는 우리에게 많은 시사점을 준다. 우리도 그들처럼 민주주의를 수입했다. 시민이란 개념을 스스로 발명하고 체화한 게 아니라 짧은 압축성장의 기간 동안 민주주의를 빠르게 체득한 것이다. 외형적으로는 민주주의의 기틀을 갖췄지만 내실은 아직 부족한 상황이다. 그리고 이것은 시민의 성숙을 통해서만 가능한 일이다.

한국교육과정평가원이 한국과 외국 초등학생의 시민교육 실태를 조사한 적이 있다. '사회생활에 필요한 질서와 규칙을 학교에서 배우고 실천하느냐' 하는 질문이었다. 여기에 '그렇다'고 응답한 한국 학생은 18.4%에 불과했다. 영국(54.3%), 프랑스(63%)의 3분의 1 수준이었다. '타인을 이해하고 존중하는 법을 학교에서 배우고 실천하느냐'라는 물음에는 15.9%만 긍정적인 답변을 했다. 이 질문에 대한 영국·프랑스 학생들의 답변은 각각 60%였다.

시민이 된다는 것은 민주주의 사회에서 권리이자 의무다. 그러나 가정과 학교, 지역사회 어디에서도 이처럼 삶의 가장 중요한 것들을 제대로 가르쳐주지 않는다. 더 좋은 학교에 가기 위한 입시교육과 경쟁만이 있을 뿐이다. 과연 우리는 자라나는 미래 세대에게 부끄럽지 않을 만큼 시민의 교양과 지혜를 갖고 있을까. 진정한 보수주의자라면 후손들에게 부끄럼 없는 성숙한 시민의 전통과 문화를 만드는 데 힘써야 한다.

공정한 룰 만들기

책의 앞부분에서 나는 다수의 국민이 현재의 보수를 유지·계승해야 할 전통적 가치와 문화로 보는 게 아니라 단순 기득권으로 인식하게 되는 이유를 설명했다. 이를 다시 요약하면 사회의 불평등과 양극화가 심해지고 이를 바로잡을 희망 사다리가 존재하지 않을 때 보수는 기득권으로 전락한다고 할 수 있다. 그리고 그 사회는 오래가지 못하고 무너진다. 즉, 개인의 노력에 따라 자아실현과 사회경제적 성취를 이룰 수 있는 공정한 시스템이 존재해야만 건강한 사회가 지속될 수 있다. 이는 자유주의 사회의 핵심 원리이기도 하다.

그러나 한국 사회의 공정과 정의의 수준에 대해 묻는다면 많은 국민이 높지 않은 점수를 줄 것이다. 오히려 우리 사회에 과연 공정함이나 정의가 존재하느냐며 반문할지도 모른다. 지난 몇 년간 한국 사회를 규정해왔던 가슴 아픈 단어는 '헬조선'과 '흙수저'다. 개인이 아무리 노력해도 '금수저'를 물고 태어난 사람을 따라갈 수 없다는 것, 뼈아프지만 인정할 수밖에 없는 현실이다.

그래도 지금의 기성세대가 청년일 때는 모두가 어렵고 힘들게 살았지만, 기회는 있었다. 열심히 공부하고 노력하는 이에게는 보상이 주어졌다. 하지만 지금은 과거처럼 높은 성장이 이뤄지는 사회가 아니다. 결국 우리는 과거보다 정의의 문제에 대해 더 큰 관심을 쏟을 수밖에 없다.

정의를 크게 나누면 사회적 정의와 경제적 정의, 두 가지로 나눌 수 있을 것이다. 먼저 경제적 정의, 즉 분배 정의에 대해 살펴보자.

결론부터 말하면, 보수라고 해서 더 이상 성장과 분배의 이분법적 틀에만 매달리면 안 된다. 제아무리 성장에 방점을 찍는다고 해도 이제는 뜻대로 성장이 이뤄지는 시대가 아니다. 또 분배를 한다고 해서 성장이 저해되는 것도 아니다. 왜 그런가. 지금까지 우리가 성장과 분배를 '제로섬zero-sum'으로 생각했다면 앞으로는 '포지티브섬positive-sum'이다. 이런 중대한 변화가 일어나는 이유는 앞으로 펼쳐질 눈부신 기술혁명에 있다. 이에 대한 자세한 논의는 필자의 전작 《인간혁명의 시대》에서 자세히 설명했다. 여기에서는 간단히 핵심만 짚고 넘어가보자.

예를 들어 과거에 자동차 한 대를 생산하기 위해서는 백 명의 사람이 필요했다. 그런데 지금은 열 명이면 충분하다. 하지만 미래에는 한 명으로도 얼마든지 자동차 한 대를 생산할 수 있을 것이다. 이는 생산기술의 혁신 때문이다. 그런데 앞으로는 이런 혁신의 차원이 이전과는 매우 달라진다. 바로 AI 때문이다.

AI는 인간의 많은 역량을 대체할 것이고 그 과정에서 엄청난 사회적 변화를 초래할 것이다. 많은 노동자들이 일자리를 잃을 테고, 또 생각지 못한 새로운 직업들도 생겨날 것이다. 하지만 궁극적으로 AI로 대표되는 기술혁명은 생산성을 극대화하여 그동안 우리가 상상도 하지 못했던 높은 잉여가치를 만들어낼 것이다. 결국 미래의 인간은 먹고 살기 위한 노동에서 해방되어 삶의 의미와 행복을 찾는 일을 하게 될 가능성이 크다.

이처럼 노동이 사라진 미래 사회에서는 기본소득과 '가짜 직업'이 피할 수 없는 현실이 될 것이다. 그때를 대비해 빅 픽처를 세우는 것도 미래지향적 리라이트가 해야 할 일이다. 기술혁명이 만들어내는 사회구조적 실업은 이미 예정되어 있다. 이를 해결하기 위해선 기본소득에 들어갈 재원을 무엇으로 마련할 것인가 하는 것도 문제다. 이미 빌 게이츠Bill Gates와 마크 저커버그Mark Elliot Zuckerberg 같은 이들은 '로봇세'를 통해 일자리를 잃은 노동자들을 위한 소득 보전을 해야 한다고 주장하고 나섰다. 비현실적인 이야기로 들릴지 모르지만, 현재는 이미 과거가 돼버렸고, 미래는 곧 오늘이 된다.

이런 관점에서 보자면 지금과 같은 성장과 분배의 틀로는 미래를 대비할 수 없다. 경제적 관점에서 국가의 역할은 앞으로 더욱 커질 수밖에 없다. 시민과 기업의 자율을 억죄는 규제를 타파하면서도 분배와 복지 문제에 있어서는 국가의 역할이 더욱 커져야 한다. 따라서 지금과 같은 프레임으로 성장과 분배를 이분법적으로 바라보는 것은 옳지 않다. 보수 역시 지금과 같이 '작은 정부'를 되뇌는 틀에만 갇혀 있어선 안 된다.

아울러 미래에는 사회의 모든 분야가 다운사이징downsizing되어야 한다. 저출산 현상은 이미 정해진 미래다. 이제 와서 출산율을 높이겠다고 해봐야 효과도 없을 뿐더러 정부가 나서서 개인의 삶의 선택권을 침해할 수도 없는 노릇이다. 그렇다면 적은 인구에 걸맞은 새로운 패러다임이 필요하다. 이런 상황에서 우리가 제일 경계해야 할 것은 얼마 후면 한국이 사라진다느니 하며 호들갑 떠는 일이다. 저출산은 오히려 노동자 개개인의 가치를 소중히 여기고, 학생 한 명 한 명의 적성과 소질을 계발할 좋은 기회가 될 수도 있다. 그렇기 때문에 시민 개개인의 가치가 높게 평가되고 이들의 역량이 제대로 발현될 수 있는 자유주의의 토양을 만드는 일이 더욱 중요하다.

이처럼 기술혁명에 따른 문명의 전환과 저출산에 따른 다운사이징의 미래는 분배에 대한 새로운 관점을 제공한다. 더 이상 '성장이냐 분배냐' 하는 식으로 선택을 할 시대가 아니라는 점이다. 요컨대 분배는 이제 진보만의 전유물이 아니며, 보수 또한 분배를 중요한 가치로 삼아야 할 시대가 됐다는 것이다.

두 번째는 사회적 정의에 대한 것이다. 이는 공정한 경쟁이 이뤄지지 않는 불합리한 사회구조적 모순을 깨는 것을 의미한다. 기회의 평등을 보장하고, 기울어진 운동장이 되지 않도록 사회 시스템과 문화를 만들어가는 일이다. 고려 시대 권문세족들이 과거가 아닌 음서제를 통해 관직에 진출했던 것과 같은 폐단을 없애는 일이 필요하다는 뜻이다. 이를 위해 불합리한 제도를 바꿔가는 것이 중요하며, 이와 함께 진짜 중요한 것은 보수층이 노블레스 오블리주를 실천해야 한다는 점도 간과할 수 없다.

보수에게 노블레스 오블리주는 왜 필요한가. 영국의 대표적인 보수 지식인 로저 스크러튼Roger Scruton은 《합리적 보수를 찾습니다》에서 보수주의가 "모든 성숙한 사람들이 선뜻 공감할 수 있는 생각, 즉 훌륭한 유산은 쉽게 파괴되지만 쉽게 창조되지 않는다는 생각에서 기인한다"라고 했다. 그렇기 때문에 우리는 "선조로부터 훌륭한 유산을 물려받았고 그것을 유지하기 위해 노력해야 한다는 것"이다.(로저 스크러튼, 《합리적 보수를 찾습니다》, 더퀘스트, 2016, 6쪽)

여기서 중요한 것은 '훌륭한 유산'이다. 이는 지금 내가 누리고 있는 풍요로운 삶이 나 혼자 잘했기 때문이 아니라 나를 둘러싼 모든 사회적 관계와 문화적 전통에서 기인한다는 의미다. 그런 의미에서 나의 성공은 사회라는 공동체로부터 큰 혜택을 받은 것이라고 볼 수 있다. 결국 지금 내가 누리고 있는 사회경제적 성취와 자아실현이 있기까지는 알게 모르게 사회에 큰 빚을 진 셈이다. 이 빚을 갚기 위해 할 수 있는 실천이 바로 노블레스 오블리주다.

송복 연세대 명예교수는 이를 "특혜와 책임"이란 단어로 설명한다. 자신이 높은 사회경제적 성취를 이루기까지 특혜를 받은 만큼, 책임을 져야 한다는 의미다. 그러면서 송 교수는 서구의 노블레스와 대한민국의 상류층을 비교한다.

"서구에는 상류사회가 존재한다. 200년 이상 지위를 유지해온 존경받는 집단, 존경받는 계층이 있다. 영국의 해리 왕자는 왕족인데도 아프가니스탄에 가서 헬기를 조종했다. 이런 게 진정한 '노블레스 오블리주'다"라고 말한다.

반면 한국의 상류층에 대해선 "아래 사람에게 '갑질 행태'를 보이고 일반 대중을 상대로 오만한 행동을 한다. 우리 고위직층의 자녀 중 병역 면제자가 20%가 넘는다. 일반인은 4%가 안 된다. 군대 가도 전부 '꽃보직'을 맡는다. 이걸 보고 어떻게 그들을 존경하겠나"라고 반문한다.(송복, 《특혜와 책임》, 가디언, 2016) 송 교수의 표현대로라면 특혜를 받은 만큼 책임지는 것이 서구의 노블레스이고, 특권을 누리면서도 책임을 회피하는 게 한국의 상류층이다.

그렇다면 왜 한국의 상류층은 책임을 다하지 않을까. 나는 한국의 상류층이 지식과 교양이 없기 때문이라고 생각한다. 우리는 전쟁의 폐허를 딛고 높은 물질적 성취를 이뤘지만 그에 걸맞은 정신적 성숙은 이루지 못했다. 반복되는 기득권층의 갑질 행태는 그들이 자신의 위치에 걸맞은 지적 성숙을 이루지 못했기 때문이다. '무식'하다는 것은 단순히 알고 있는 지식의 양이 많고 적음을 뜻하는 게 아니라, 시민으로서의 매너와 지혜가 부족하다는 의미가 더 크다. 그런 의미에서 본다면 '땅콩'부터 '물컵'에 '막말'까지, 양파 껍질처럼 벗겨지는 한 그룹 총수 일가의 '갑질'은 그들 스스로가 시민으로서의 교양을 갖추지 못했음을 천하에 증명하고 있는 것과 같다.

송 교수는 이를 '천민 상층'이라고 부른다. "할아버지대 이상에서부터 켜켜이 쌓아온 체화된 상식·교양·문화와 윤리가 내면화돼 있지 않기 때문"에 '무식'하다는 이야기다. 여기서 내면화는 무의식적으로 행동할 때조차 교양과 매너를 지키는 것을 의미한다. 술에 취해도 한도를 넘어서지 않고 예의를 지킬 정도의 절제력을 말한다.

그렇다면 특혜받은 상류층이 한국의 노블레스가 되려면 어떻게 해야 할까. 물론 책임을 다하면 된다. 문제는 그 책임이 무엇인가 하는 점이다.

첫째는 희생이고 둘째는 교육이다. 나라를 막론하고 과거의 귀족들은 전쟁과 같은 위기 상황이 벌어졌을 때 목숨을 내놓는 사람들이 많았다. 그리고 그런 결기가 있었기 때문에 백성들도 귀족을 존경했고 지도층에 충성했다. 반대로 귀족이면서도 이런 책임과 의무를 다하지 않을 때는 적군이 아니라 자국의 백성들에 의해 권좌에서 끌어내려졌다. 특권을 갖는다는 것은 그만큼 무거운 자리다. 하지만 한국의 상류층은 이를 인식하지 못하는 경우가 많다.

둘째는 교육의 중요성이다. 보수의 가장 중요한 가치는 '훌륭한 유산'이다. 그러므로 노블레스 역시 한 세대에서 쉽게 이뤄지는 것이 아니다. 할아버지와 아버지로부터 이어진 노블레스의 전통을 자손에게까지 이어가며 쌓는 것이다. 이를 위해서는 자녀 세대에 대한 교육이 필요하고, 부모는 실천을 통해 모범을 보여야 한다. 한국은 일제강점과 6·25를 겪으며 이런 전통을 쌓을 시간이 부족했다. 그러나 이제라도 이런 훌륭한 유산을 만들어가도록 노력해야 한다. 그래야 존경받는 상류층이 될 수 있다.

요컨대 한 사회의 지도층이 된다는 것은 단순히 사회경제적 기득권을 갖는다는 뜻이 아니다. 돈과 권력만을 가진 지도층은 그저 '천민 상층'일 뿐이다. 진짜 노블레스는 자신의 명예에 걸맞은 오블리주의 실천으로 사람들의 존경을 받아야 한다. 앞으로 한국의 보수 엘리트가 영화 〈내부자들〉에 묘사된 것과 같은 부패 기득권층으로만 인식되지 않으려면 지금부터 뼈를 깎는 노력으로 노블레스 오블리주를 실천해야 한다. 그래야만 권문세족이 몰락하고 고려가 멸망한 것과 같은 시대의 종언을 피할 수 있을 것이다.

자유에서 파생되는 가치

우리는 지금까지 자유주의가 필요한 이유를 살펴보고, 한국에서 자유주의를 실현하는 방법으로서 보수의 핵심 가치를 바로세울 새로운 보수인 리라이트에 대해 살펴보았다. 끝으로 이런 자유의 가치가, 또 그 안에서 파생되는 개방·다문화·관용의 정신이 어떻게 한 나라와 문화를 발전시켰는지 몇 가지 역사적 사례를 살펴보고자 한다. 이를 통해 자유의 정신을 보수 정치의 핵심 이념으로 받아들이고, 나아가 국가의 정신으로 삼았을 때 어떤 미래가 펼쳐질지 상상해보자.

먼저 소개할 것은 고려다. 나는 우리 문화가 가장 융성했던 시기를 꼽으라고 한다면 주저 없이 고려를 말한다. 한자 그대로 고려는 '빼어난 아름다움高麗'이란 뜻이다. 후기 고려가 권문세족의 횡포로 몰락의 길을 걷긴 했지만, 몽골이 쳐들어오기 전까지 고려는 문화의 용광로였다. 특히 개경의 국제항인 벽란도碧瀾渡는 동아시아 무역의 허브였다.

이규보는 《동국이상국집》에서 벽란도를 다음과 같이 묘사했다.

"물결은 밀려왔다 다시 밀려가고, 오가는 뱃머리 서로 잇대었네. 아침에 이곳을 출발하면, 한낮이 못 돼 남만南蠻에 이르겠네."

남만은 현재의 중국과 베트남 접경지역을 뜻한다. 다소 과장된 표현이지만, 벽란도는 그만큼 국제 무역항으로 번성했다. 특히 송나라에서 무역 배가 들어오는 날이면 항구 일대에 수천의 인파가 몰렸다. 이규보의 표현처럼 어선과 관선, 외국 상선이 즐비해 나루 사이를 잇는 배다리船橋가 형성되기 일쑤였다. 《고려사》에 따르면 1014년(현종 3년)부터 1278년(충렬왕 4년)까지 모두 120여 차례, 5000여 명의 송나라 사람들이 입국했다. 거란과 여진, 일본, 아라비아에서까지 사람들이 드나들며 전 세계에 '꼬레아'라는 이름을 알렸다.

이처럼 벽란도는 동아시아 제일의 항구였다. 찬란한 문화유산을 꽃피우며 고려가 세계를 품었던 곳이다. 과연 고려는 그 이후의 시대인 조선과 무엇이 달랐기에 이처럼 대표적 무역항을 가질 수 있었을까. 그것은 바로 자유의 가치와 그 안에서 파생되는 개방·다문화·관용의 정신이 보장된 사회였기 때문이다. 벽란도를 통해 송과 거란을 비롯해 아라비아의 상인까지 드나들며 개성을 국제도시로 만들었다. 그리고 이때 유입된 외국 문물은 고려의 정신이 담겨 재창조되었으며, 이는 다시 실크로드로 이어졌다.

고려 사회는 국내는 물론 국외로부터 다양한 인재와 문물을 영입했다. 《고려사》에 따르면 광종은 후주後周에서 시대리평사試大理評事, 국가고시를 관리하는 책임자를 지낸 쌍기雙冀를 영입해 과거제를 실시하는 등 적극적인 외국인 등용책을 썼다. 이 무렵에 요직을 맡은 중국인만 40명이 넘고 몽골·아랍인도 국정에 참여했다. 국민대 박남기 교수에 따르면 당시 귀화한 일반 외국인만 해도 전 백성의 8.5%에 해당할 만큼 다문화 사회였다고 한다.

이런 개방·다문화·관용의 정신은 고려 문화를 명품으로 만들었다. 고려의 대표 문물인 고려청자·팔만대장경·금속활자·고려한지·나전칠기·고려불화 등은 아라비아에까지 전파되어 큰 사랑을 받았다. 고려 공민왕 때 문신 이제현은 《사략史略》에서 "광종의 개방·개혁 정책으로 고려의 문물이 중국에 버금갔다"라고 평가했다.

고려처럼 자유의 정신이 깃든 곳은 어디든 그 나라의 문화를 발전시킨다. 17세기 네덜란드도 자유의 정신을 바탕으로 수많은 인재와 문화를 수용하며 번성했다. 당시 네덜란드는 유럽 전역에서 박해를 받아 피난 온 수많은 인재들을 수용하여 문화적 융성을 이뤘다. 그리고 16세기에는 영국과 프랑스에 한참 못 미쳤던 네덜란드는 18세기까지 높은 성장을 이루며 두 나라를 추월했다. 그 이유는 네덜란드에는 자유의 정신과 그 안에서 비롯되는 개방·다문화·관용의 가치가 살아 숨쉬었기 때문이다.

현대 사회에서는 대표적인 예가 싱가포르다. 싱가포르는 2005년 1인당 국내총생산GDP이 2만 9869달러로 한국과 엇

비슷했다. 그러나 지난 10년간 한국이 3만 달러의 문턱을 넘지 못하고 표류하는 사이 싱가포르의 GDP는 2018년 기준 6만 1766달러가 됐다. 아울러 18만 7000여 개의 다국적 기업이 주재하는 글로벌 비즈니스의 허브로 성장했다. 약 550만 명의 전체 국민 중 160만 명이 외국인일 정도로 국제화 정도가 높다. 세계은행이 발표하는 '기업하기 좋은 나라' 순위에서는 9년 연속 1위였다.

수십 년간 권위주의적 정치 체제를 유지해온 싱가포르는 최근 10년 동안 자유주의 정신을 바탕으로 적극적인 개방정책을 폈다. 민족이 다르다고, 피부색이 같지 않다고 타인을 배척하고 편견을 갖는 일을 없애려고 노력했다. 그렇게 다문화적 감수성을 키우고 외국인에게 장벽이 높았던 각종 규제들을 풀면서 매력적인 나라로 도약했다. 그러면서도 철저한 법치, 부패 관리, 투명한 행정 등 믿고 투자할 수 있는 문화를 만들면서 전 세계인을 끌어모았다. 이번 북미 정상회담이 결국 싱가포르에서 열리게 된 것도 이러한 맥락과 배경에서 이루어진 것이 아닐까.

이처럼 자유의 정신과 그 안에서 파생되는 개방·다문화·관용의 가치는 나라를 발전시키는 가장 큰 동력이다. 역사에서 이를 뒷받침하는 사례는 앞서 살펴본 것 외에도 무수히 많다. 세계 최대의 제국을 건설한 칭기즈칸의 경우도 이와 유사하다.

즉, 인구 200만 명에 불과했던 몽골이 세계를 정복할 수 있었던 것은 개방·다문화의 정신을 갖고 있었기 때문이라는 이야기다.

칭기즈칸은 피지배 민족 중 저항하는 세력은 가차 없이 처단했지만 순응하는 이들은 깊이 포용했다. 특히 기술자들을 우대했다. 그는 각 분야의 전문가들을 극진히 대하고 그들이 자신의 꿈을 펼칠 수 있게 도왔다. 능력이 있으면 신분도 가리지 않았다. 능력만 출중하다면 신분을 가리지 않고 제일 하층민이던 노예에게도 중요한 보직을 주었다.

이런 개방 정신은 몽골인이 자신들보다 체구가 훨씬 큰 중동과 유럽의 병사를 상대할 때 큰 힘을 발휘했다. 칭기즈칸의 군대는 원래 기마병이 주력이었지만 나중에는 화약을 이용한 대포 등 각종 전투 장비를 이용하게 되었다. 정복한 나라의 기술을 흡수해 자신의 것으로 만든 것이다. 이처럼 칭기즈칸이 세계 제국을 이룰 수 있던 가장 큰 이유는 관용과 다양성의 힘이었다.

문제는 프레임이야

정치에서 프레임만큼 무서운 것도 없다. 누군가 “코끼리는 생각하지 말라"고 말하는 순간 우리는 코끼리라는 프레임에 갇힌다. 2016년 최순실의 국정농단 사건이 진실을 드러낸 이후 진보 진영의 '보수=적폐' 프레임은 우리 사회의 지배적인 이데올로기로 작동해왔다. 한국 정치사에서 보수가 지금처럼 무너지고 힘이 빠진 적은 없었다. 그렇기 때문에 보수가 다시 일어서려면 진보가 만든 프레임을 깨는 것에서부터 시작해야 한다. 그렇다면 무슨 프레임을 깰 것인가. 또 그 위에 어떤 프레임을 세워야 하는가.

이 책의 주된 논지대로 나는 그 프레임의 핵심은 자유주의라고 본다. 그리고 그 안에서 파생되는 개방·다문화·관용의 정신이 보수가 지켜야 할 정체성이다. 그리고 이를 통해 발현되는 시민 개개인의 개별성과 자아실현, 그것이 사회의 공익으로 연결되는 노블레스 오블리주는 보수가 지켜야 할 핵심 가치다. 즉, 시민의 자유와 책임을 중시하면서 관용적인 사회를 만들고 더불어 공동체의 안녕과 질서를 유지하는 것이 보수의 사명이다.

이를 위해서 보수는 몇 가지 프레임을 선점할 필요가 있다. 먼저 미래다. 우리 눈앞에 펼쳐지고 있는 4차 혁명은 엄청난 변화를 예고한다. 기술혁명은 늘 문명을 전환시켰지만, 지금 다가오는 새로운 물질혁명은 우리 삶을 송두리째 바꿔놓을 것이다. 기술이 인간의 신체를 연장시켰던 지난 혁명과 달리,

4차 혁명은 인간의 의식을 대체하고 공동체를 뒤흔들 것이다. 그런 시대에 우리는 어떤 준비를 해야 하는가. 과거에 얽매이지 않고 앞으로 나아가려면 우리는 무엇을 해야 하는가.

사실 그동안 한국 사회의 진보는 미래를 향한 진보가 아니라, 과거로 회귀하는 진보였다고도 할 수 있다. 이들의 주된 의제는 일제 식민 잔재의 청산, 국가주의와 권위주의 시대의 폐습을 바로 잡는 것 등에 초점이 맞춰져 있었다. 현 정부의 핵심 정치 과제인 적폐 청산도 과거를 바로잡겠다는 것이다.

물론 지난 세월의 잘못된 것들을 바로잡는 작업은 꼭 필요하다. 그러나 우리는 어제의 일에만 머무를 수는 없다. 내일을 향해 한발 더 나아가야 한다. 보수는 정치의 진보가 아니라 문명의 진보를 위해 나아가야 한다. 그런 의미에서 보수가 앞장서서 '이제는 미래다'라는 프레임을 어젠다로 삼고 발전시키길 희망한다.

다음으로 보수가 추구해야 할 것은 '세련된 글로벌 파트너'라는 인식을 갖게 하는 일이다. 다시 지정학의 시대로 돌입한 지금 남과 북, 미국과 중국, 일본과 러시아를 둘러싼 외교 전쟁은 어느 때보다 치열하다. 한반도는 이미 새로운 국제사회의 질서 속으로 빨려 들어가고 있다. 더 이상 반공 논리에 사로잡힌 꽉 막힌 외교가 아니라 한반도의 안녕과 평화를 목적으로 실리에 따라 유연하게 변화할 수 있는 세련된 외교가 필요하다. 그리고 이는 정부가 참여하는 외교 정책만을 의미하지는 않는다. 정부의 공식 채널을 넘어 정치, 경제, 사회 전반의 다양한 네트워크를 활용해 국제 관계를 원만하게 이끌어갈 수 있는 세련된 외교 능력을 의미한다. 기업을 활용한 국제 교류 활동, 적극적인 국제기구 참여, 민간 차원에서 벌어지는 다양한 NGO 단체의 구호 활동 등 사회 온 구성원과 연대해 시너지를 낼 수 있는 거버넌스governance를 구축해야 한다.

예를 들어 보수 정당의 정치인 중에 UN이나 유네스코 등의 핵심 인사들과 소통할 수 있는 사람이 있다든지, 다보스 포럼Davos Forum과 로마 클럽The Club of Roma 등 미래를 연구하는 단체와 긴밀히 협업할 수 있다면 그 자체로 얼마나 든든한 힘이 되겠는가. 스스로를 지역의 대리인이라고 폄훼하지 말고 이와 같이 국제적 역량을 쌓아 자신의 역할을 키워나가는 정치인이 있다면 어느 국민이 그를 응원하지 않을까. 직업인으로서의 정치에만 몰두하지 말고, 진정 나라와 사회·국민을 위해 봉사하는 사명감 있는 정치인이 나오길 기대해본다.

세 번째는 '시민 정당'이다. 이는 앞서 설명한 자유시민의 확산과 같은 선상에 있다. 진보 진영의 전통적 프레임인 계급·계층 논리로는 보수가 필패할 수밖에 없다. 현재 한국 사회는 불평등과 양극화가 심화되고 앞으로도 이 같은 현상은 계속될 것이다. 계층 이동성 또한 낮아지면서 현 체제의 유지를 뜻하는 보수는 더욱 불리해질 수밖에 없다. 그렇기 때문에 사회적 상층부에 있는 이들을 비판하는 진보 진영의 공격은 앞으로도 오랜 시간 설득력을 얻을 전망이다.

하지만 진보의 이런 프레임에 걸려들어 보수까지 계급 정당으로 전락해서는 안 된다. 즉, '보수=잘 사는 사람', '진보=일반 서민'과 같은 계급 정치의 프레임을 깨야 한다는 이야기다. 이를 해결하기 위해선 앞에서 설명한 것처럼 사회·경제적 정의를 바로 세우고 이와 함께 계층 이동성을 높여 노력에 따라 성공의 크기가 커질 수 있는 사회를 만들어야 한다. 아울러 성공한 사람들은 노블레스 오블리주를 통해 사회에 헌신하고, 이를 통해 대중들로부터 존경받을 수 있어야 한다. 자신의 자유와 권리를 만끽하되 책임과 의무에도 앞장서는 자유 시민이 많아져야만 건강하고 발전된 미래를 실현할 수 있다.

즉, 어떤 정치인이 됐든 계급과 계층의 프레임으로 사회의 갈등과 분열을 부추기고 포퓰리즘으로 대중을 현혹한다면 보수는 이를 시민 정당의 프레임으로 극복해야 한다. 가령 부자 정당, 엘리트 정당 등으로 공격할 때는 보수가 부자와 엘리트의 편이 아니라고 해명할 게 아니라 자유 시민의 권리와 책임을 강조하는 대중 정당임을 강력히 주장해야 한다. 앞서 말한 것처럼 보수 정당은 부자와 엘리트 등 기득권의 이익을 대표하는 정당이 아니므로 자유 시민의 가치와 이익에 어긋나는 기득권이 있다면, 진보 정당보다 앞장서서 이들을 비판하고 잘못된 현실을 바로잡아야 한다.

이런 점에서는 영국의 보수당을 참고할 만하다. 1678년 설립된 토리당의 전통을 이은 보수당은 세계에서 가장 오래된 정당이다. 그 오랜 시간 동안 보수당이 살아남을 수 있었던 이유는 계급 정당을 추구하지 않았기 때문이다. 원래 보수당의 이념과 정체성은 근대 부르주아의 이익과 결합돼 있었다. 하지만 보수당은 계급적 이해관계에서 벗어나 국민정당을 추구하며 '하나의 영국'을 내세워 오랜 시간 집권에 성공했다.

특히 위기 상황에서 보여준 안정적 리더십은 보수당을 국민정당으로 만들었다. 정치적 격변기 때마다 유연하게 대응하고 기존 지지층을 유지하면서도 새로운 지지 기반을 확보하며 외연을 넓혔다. 이 과정에서 지역이나 특정 연고에 의존하지 않는 합리적인 이미지로 영국은 물론 유럽을 대표하는 보수 정당으로 자리매김했다. 이처럼 시민 정당이라는 프레임을 놓고 볼 때 한국의 보수당이 제일 먼저 해야 할 것은 '영남당', '부자당', '기득권당', '꼰대당' 등의 꼬리표부터 떼는 일이다.

4차 혁명은 정치 혁명의 시대다

우리가 흔히 쓰는 '4차 산업혁명'이란 말은 미래를 과학과 기술의 프레임에만 가두기 때문에 진정으로 우리가 나아갈 방향을 담을 수 없다. 기술혁명은 늘 의식과 제도, 문명의 변화를 초래한다. 그리고 이를 올바른 방향으로 이끄는 것은 과학이 아니라 인간이다. 그런 의미에서 미래는 '인간혁명'의 시대가 돼야 한다.

2500년 전 인류는 역사상 가장 찬란한 정신문화의 꽃을 피웠다. 서쪽에서는 소크라테스, 동쪽에서는 공자가 활발하게 활동하며 정신문명의 원류를 만들었다. 그 이후 오랜 시간이 흘렀지만 우리는 지금도 이들을 세계의 성인이라 부른다.

소크라테스와 공자가 함께 활동했던 시대의 공통점은 인류 문명 깊숙이 철기가 들어왔다는 점이다. 처음에는 무기로만 쓰였던 철기는 점차 농기구로 발전했고, 이는 생산성을 증대시켰다. 잉여가치가 크게 늘며 단순히 먹고살기 위한 노동으로부터 해방된 인간은 그 시간을 의미 있게 쓸 수 있었다. 일부는 향락과 유흥으로 보냈지만 다른 이들은 세상의 근원과 인간의 본질을 탐구하는 데 썼다. 그 안에서 학문이 생겨났고, 처음으로 학자들이 등장했다. 그리스 아테네에선 시민과 소피스트가 나타났으며, 중국 춘추전국시대엔 선비士 계층이 성장했고 제자백가가 나타났다.

아울러 이 당시 활발하게 보급된 문자는 단순한 이론을 지식과 학문의 체계로 만들었다. 지식은 한 사람의 생각이 다른 사람의 것과 합쳐지고 후대로 전해지면서 높은 탑을 쌓아갈 때 그 힘을 발휘한다. 문자는 그 역할을 톡톡히 했고, 인류는 정신문명의 전성기를 맞았다.

철기혁명 후 어두웠던 중세를 지나 르네상스와 대항해시대를 겪은 인간은 다시 새로운 기술혁명을 맞이한다. 바로 18세기의 산업혁명이다. 증기기관과 방적기의 발명은 노동의 주체를 인간에서 기계로 바꿨다. 일하는 인간으로서 대우받던 존경과 위계가 기계에 의해 말살됐다. 그러면서 인간은 산업이라는 거대한 기계의 부속품처럼 변해갔다. 대량생산 기계의 보조 역할을 하며 '인간의 기계화'가 심화되었다.

생산수단을 거머쥔 자본가의 탐욕과 욕심은 더욱 커졌고, 인간 노동자의 인권과 존엄은 나락으로 떨어졌다. 교육도 대량생산에 필요한 공장 노동자를 양성하는 방식으로 최적화되어 갔다. 양극화와 불평등도 심화됐다. 2500년 전 선조들이 했던 것처럼 기술의 발전을 제어할 인간의 지성이 성숙하지 못했던 것이다.

하지만 기술의 발달은 눈부셨다. 거대자본과 결탁한 기술은 더 이상 인간 스스로 주체할 수 없을 만큼 물질적 에너지를 응축했다. 한편으로는 그만큼 체제의 모순과 부조리가 쌓이면서, 나중에는 집단적 폭력과 광기로 분출됐다. 바로 제국주의와 두 차례의 세계대전이었다. 그리고 이 갈등은 지금도 세계 곳곳에서 매일같이 벌어지고 있다. 우리가 애써 눈감고 현실을 직시하지 않을 뿐이다.

그런데 지금 우리는 이전보다 훨씬 파고가 높고 거대한 기술혁명을 눈앞에 두고 있다. 지금까지의 기술혁명이 인간의 신체를 대체하는 것이었다면, 앞으로의 AI 혁명은 인간의 의식을 대체한다. 사회 곳곳에서 엄청난 규모의 '직업 증발'이 십수년 내에 현실화될 것이다. 우리는 이런 시대를 그저 산업혁명의 네 번째 버전이라고 부를 수는 없다. 다가올 미래는 과학기술의 발달로 우리의 문명 자체가 송두리째 바뀌는 어마어마한 대변혁의 시대다.

그럼 우리는 어떻게 해야 할까. 답은 정해져 있다. 2500년 전 지혜로운 선조들이 그랬듯, 우리는 인간혁명을 이뤄야 한다. 과학과 기술에 윤리와 가치의 영혼을 불어넣고 물질적 성장을 제어할 만한 성숙한 정신을 기르며, 이를 현실화할 수 있는 법과 제도를 만들어야 한다. 바로 그 지점에 정치의 중요한 사명이 있다.

본디 정치의 존재 이유는 무엇인가. 인간이 살아가는 데 필요한 기준을 만들고 공공의 복리를 증대시키는 행위가 정치다. 국민의 권리와 자유를 보장하고 외부의 침입과 내부의 혼란으로부터 구성원을 보호하는 것이 정치다. 개별 시민의 개성을 존중하고 자아실현을 도와 행복을 추구하는 게 정치다. 그 과정에서 생겨나는 개인이나 집단 간의 의견 차이나 이해 충돌을 합리적으로 조정하고 한정된 자원을 배분하는 것이 정치다.

그렇다면 4차 혁명의 시대에 정치의 역할은 자명하다. 재능 있는 과학자와 엔지니어가 만들어갈 혁명적인 기술들이 인간의 삶을 이롭게 만들 수 있도록 이정표를 제시하고 이끌어가야 한다. 보통 시민의 눈높이에서 함께 소통하되, 정치인은 그보다 더 먼 곳을 바라볼 수 있어야 한다. 정치인이 미래지향적이어야 그 사회도 앞으로 나아갈 수 있다. 오늘날의 보수는 과거보다 변화의 속도가 빨라야 한다고 했던 것도 이런 맥락이다.

과거 그리스·로마 시대의 정치인은 지금보다 더 큰 권력을 가졌으면서도 인간과 자연, 세상에 대해 더 많은 고민과 성찰을 했다. 그러면서 교양과 지혜를 쌓았고, 그 덕분에 인류 문명은 더욱 높은 수준으로 꽃을 피울 수 있었다. 비록 이들이 알고 있던 지식의 총량은 현대인보다 적었을지언정 그들은 삶에 대한 더욱 넓은 혜안과 세상에 대한 깊은 통찰을 갖고 있었다.

혁명의 본질은 인간혁명이지만, 이것을 이루는 핵심적인 방법론은 결국 정치혁명을 통해서다. 매너리즘에 빠져 한치 앞도 보지 못하고, 과거의 향수를 자극해 권력의 연장에만 관심 있는 정치인들은 더 이상 국회에 발을 붙여서는 안 된다. 시민들도 더 이상 과거의 기준과 논리로 정치인을 선택하지 말아야 한다. 정치인에겐 다수의 시민을 대표해 미래의 운명을 개척해 나갈 무거운 책임이 있기 때문이다. 새 술은 새 부대에 담아야 하듯, 새 정치엔 새로운 사람이 필요하다.

보수의 그릇에도 새로운 내용이 들어 있어야 한다. 그런 의미에서 미래의 보수는 지금보다 더 진보적이어야 한다. 움직이지 않는 건 변화하는 세상에서 퇴보할 뿐이며, 새로워지지 않는 건 썩을 뿐이다. 그 새로움의 토대는 자유주의여야 하고, 자유는 인간을 해방시킬 유일한 도구이며 문명의 발전을 이끌어가는 핵심 원리다.

이처럼 '리라이트'는 이제 보수의 선택사항이 아니라 필수요건이다. 이렇게 새로운 시대가 왔다는 것을 깨닫지 못한다면 우리는 또 다시 암흑과 절망의 시기로 회귀할지 모른다. '리라이트'에 공감하는 건강하고 성숙한 시민이, 그들을 섬기며 중심을 잡아줄 수 있는 지혜로운 정치인이 많아지길 바랄 뿐이다.

보수 정치는 무엇을 해야 할까

이 책을 쓴 가장 큰 목적은 보수의 몰락 원인을 살펴보고 앞으로 나아갈 방향을 모색하는 것이었다. 그러다 보니 보수의 민낯을 드러내고 일부 정치인들을 강하게 비판해야 했다. 실제로 드러난 말과 행동이 초래한 결과를 토대로 분석하느라 그들의 선한 의도가 무엇이었는지는 자세히 설명하지 못했다. 하지만 이러한 비판 또한 보수의 발전을 위한 것이라는 점에서, 비판의 대상이 된 여러 정치인들 또한 넓은 아량으로 이해해 줄 것이라고 믿는다.

지금까지 보수라고 믿어왔던 정치인과 정당은 보수의 외피를 쓴 권위주의 세력이 주류였다는 것이 나의 해석이다. 일부 개혁적인 마인드와 실천력을 갖춘 진짜 보수 정치인도 있지만 늘 거대하고 공고한 권위주의의 장벽에 가로막혀 제대로 기를 펴보지 못했다. 권위주의 세력은 시장의 자유, 즉 경제적 자유는 받아들였지만 자유주의의 본질적 의미는 외면했다. 그렇기 때문에 새로운 보수가 추구해야 할 것은 진짜 자유주의이며, 이를 위해서는 정치·사회적 자유주의를 보수의 핵심 가치로 받아들이고 삶의 준칙으로 삼아야 한다.

앞서 살펴본 대로 사회적 자유주의는 언론·출판·집회·결사의 자유로 대변되는 표현의 자유, 그리고 시민 개개인의 개성이 존중받는 다양성과 개별성, 수직적 구조를 무너뜨리는 수평적 조직 관계, 자유로운 토론과 원활한 커뮤니케이션 등을 의미한다. 그 안에서 개인의 취향과 생각, 라이프 스타일은 절대적으로 존중받아야 한다. 단 다른 이들의 자유와 공공의 복리를 침해하는 경우는 제외하고 말이다. 아무리 작고 보잘것없는 생각이라도 무시당해선 안 되며 다수의 목소리로 소수를 짓눌러서도 안 된다. 이런 확신을 갖고 행동으로 옮길 수 있는 사람이 진정한 사회적 자유주의자다.

정치적 자유주의는 위와 같은 사회·문화적 가치를 정당이라는 정치 체제로 구현하는 것을 말한다. 하지만 분단이라는 특수한 상황에 놓인 한반도에선 사회적 자유주의와 정치적 자유주의는 도입 속도가 다를 수밖에 없다. 그동안 '보수'라고 불려왔던 정치 집단의 정체성을 하루아침에 뒤집을 수는 없다. 그러므로 정치적 자유주의는 사회적 자유주의가 충분히 무르익은 다음 점진적으로 받아들여야 한다. 그래야 기존의 보수층을 끌어안고 갈 수 있다. 궁극적으로 정치적 자유주의는 사회적 자유주의를 보다 실효성 있게 구현할 수 있는 시민적 토양을 만드는 일이다.

그 과정에서 새로운 보수는 계급 정당이 아닌 시민 정당을 추구해야 한다. 시민 정당은 자유롭고 책임질 줄 아는 건강한 시민을 기르는 정치 조직을 말한다. 선거 때만 주권을 행사하는 유령 시민이 아니라 정치·사회의 현안에 적극 참여하고 그 행동에 책임질 줄 아는 시민을 키우는 정치를 펴야 한다. 과거에 그래왔던 것처럼 선거 때만 반짝 표를 얻으려 하고, 대부분의 시간은 '그들만의 리그'로 빠지는 정치 행태를 반복해선 안 된다.

그렇다면 새로운 보수 정당과 정치인은 무슨 역할을 해야 하는가. 시민 각자의 개별성과 창의성이 발현되고, 토론을 통해 집단지성을 발휘해 공동체의 문제를 함께 해결해가는 '퍼실리테이터Facilitator'가 돼야 한다. 시민들이 자기가 사는 지역의 문제에 적극 참여할 수 있게 환경을 조성하고, 그 안에서 나온 이야기들이 건강하게 의회로 수렴될 수 있는 민의의 창구가 돼야 한다.

시민의 자치는 뜬구름 잡는 정치가 아니라 실제 삶과 깊이 연관된 이슈들을 고민하는 '문제 해결형 민주주의'로 가야 한다. 이를 위해선 시민교육이 필수적이다. 시민적 성숙이 아직

무르익지 않은 현실에서 당분간은 토론과 소통이 매우 힘든 작업일 수 있다. 그러므로 상대를 경청하고 올바르게 의견을 나누며 시민적 덕목과 역량을 기르는 시민교육이 함께 펼쳐져야 한다. 이와 함께 중앙당과 엘리트 중심의 정치가 아니라 시민이 직접 삶에서 맞닥뜨리는 문제들을 직접 해결할 수 있는 장을 만들고, 이를 북돋는 것이 미래 보수 정치가 선점해야 할 핵심 과제다.

요컨대 보수의 핵심 가치와 철학으로 자유주의를 받아들이는 궁극적 목표는 자유롭고 책임 있는 시민을 키우기 위해서다. 이를 위해 앞으로의 보수 정당과 정치인은 사회적 자유주의를 바탕으로 정치적 자유주의를 확대하며 기존의 경제적 자유주의와 조화를 이룰 수 있는 지점을 함께 모색해야 한다. 이를 통해 계급 정당이 아닌 시민 정당으로 거듭나는 것이 미래 보수가 나아갈 길이다.

보수와 진보 모두의 과제

책의 내용이 보수에 대한 비판에 초점이 맞춰지다 보니 한편으로는 '그럼 진보는 잘하고 있다는 것이냐'라는 지적도 나올 수 있다. 분명히 밝히건대 현재 집권하고 있는 진보 진영 역시 새롭게 태어나고 변하지 않는다면 그들의 미래도 어둡다.

특히 책의 주된 내용인 자유주의에 대해서는 진보 인사들도 새겨들어야 한다. 자유주의는 보수주의 핵심 가치와 철학이기에 앞서 민주주의의 근본이기 때문이다. 자유주의의 씨앗을 심고 싹을 틔운 유럽인의 시각에서 보면 현재의 여당 역시 보수의 아종일 뿐이다. 한국이라는 특수한 토양 아래 두 정당이 각각 보수와 진보를 대표하는 역할을 맡고 있지만 자유주의적 관점에서 보면 더불어민주당이 자유한국당보다 크게 낫다고도 할 수 없다.

진보 정치인들이 명심해야 할 것이 있다. 지금 정권이 높은 지지를 받는 이유의 절반은 대통령의 개인기 때문이고, 또 다른 절반은 보수의 무능과 부패 때문이라는 점이다. 착시를 팩트로 받아들이지 않길 바란다. 오만할 때 정치는 추락한다. 누적되는 인사 실패와 정치보복으로 변질되는 적폐 청산은 국민의 피로감을 높이고 있고, 언젠가는 '콩깍지'가 벗겨진다. 문 대통령에 대한 호감과 기대가 더 이상 국민의 불만을 잠재울 수 없을 때쯤 정권에 대한 비판은 봇물처럼 터져 나올 것이다.

나는 한 인간으로서 문재인 대통령이 갖고 있는 성품을 존경한다. 그는 온화하며 합리적이다. 그러나 현 정권이 추진하는 정책에 대해서는 반대 입장을 갖고 있는 것들도 꽤 많다. 그럼에도 문 대통령의 이야기를 경청하게 되는 것은 그가 적어도 토론의 룰을 지킬 줄 아는 사람이기 때문이다. 그러나 소위 '문빠', '문슬람'으로 불리는 그의 지지자들 중 일부는 문 대통령과 정반대다. 오히려 그들 스스로가 자유주의 사회의 적폐가 되어가고 있다. 인터넷에서 여론을 한쪽으로 몰아가고, 자신과 다른 의견에 대해서는 틀렸다고 규정하며 날선 공격을 한다. 물론 모든 문 대통령 지지자가 그렇다는 뜻은 아니다. 전체 지지자에 비하면 이런 이들은 소수겠지만, 이들의 영향력이 침소봉대되어 오히려 다수인 것처럼 비치고, 언젠가 문 대통령에게도 악영향을 미칠 수 있다.

결국 문 대통령과 현 정부가 미래 역사에 성공한 정권으로 남으려면 내부의 적폐로부터 해방돼야 한다. 이들이 자신의 생각만 옳다고 강요하며 다양성과 관용을 억압한다면 우리 사회는 다시 전체주의로 흐를 것이다. 맹목적 지지는 정치가 아니라 종교에서나 가능한 일이다. 아끼고 사랑할수록 쓴소리를 할 줄 알아야 하며 비판할 수 있어야 한다. 그것이 자유주의 사회의 핵심 원리기 때문이다.

현대인은 자유주의의 토대 아래 시민의 권리와 책임을 누린다. 시민이 건강하면 정치인 또한 성숙하다. 시민이 깨어 있지 않으면 언제 또 히틀러와 같은 독재주의의 망령이 되살아나 인류의 영혼을 좀먹을지 모른다. 건강한 사회를 만들기 위해서는 자유주의적 책임과 의무로 무장한 자유 시민들이 많아져야 한다. 더불어 진보가 앞으로 더욱 안정된 집권세력이 되기 위해서, 또 보수는 건강한 대안 세력이 되기 위해서는 자유를 핵심 이념으로 삼는 자유주의자가 많아져야 한다. 변해야 하는 것은 보수와 진보 모두 마찬가지다.

20세기 최고의 기업으로 불렸던 코닥Kodak이라는 회사가 있다. 1888년 조지 이스트먼George Eastman이 설립한 코닥은 100년 동안 업계의 최강자였다. 전성기였던 1970년대 중반, 코닥의 미국 시장점유율은 필름 90%, 카메라 85%에 달했다. 그 당시엔 '코닥 모멘트Kodak moment(사진을 찍는 순간)'라는 말이 유행할 정도로 '카메라는 곧 코닥'이었다.

그러나 영원히 강자일 것 같던 코닥도 중대한 실수를 범한다. 1975년 코닥의 젊은 엔지니어 스티브 세손이 세계 최초로 디지털 카메라를 개발했는데, 경영진에서 이를 무시한 것이다. 당시 필름 시장을 독점하다시피 한 코닥의 입장에서는 필름 없는 카메라가 제 살 깎아먹기라고 생각했다. '카메라=필름'이라는 고정관념을 깨지 못했던 것이다.

반면 후발주자인 후지필름은 코닥의 '신기한' 발명품을 보고 뒤늦게 디지털 카메라에 대해 연구를 시작하여 1988년 첫 상용 제품을 내놨다. 그로부터 10여 년 후, 시장에 자리 잡은 디지털 카메라는 무섭게 필름 카메라를 내몰았다. 결국 2012년 코닥은 파산 신청을 했다.

코닥처럼 변화하지 않는 기업은 도태되기 마련이다. 기업뿐 아니라 개인도 마찬가지다. 요즘처럼 변화의 속도가 빠른 세상에서는 혁신이 의무다. 과거의 누적된 성공은 자기 확신을 낳고, 아이러니하게도 결국엔 실패의 원인이 된다. 기존의 전통과 문화만 고수하다가 한번에 '훅 갈' 수도 있다는 것이다.

어쩌면 한국의 보수도 이와 비슷한 상황이었을 것이다. 그렇기 때문에 불과 몇 년 전까지만 해도 굳건히 자리를 지켜왔던 보수가 지금은 형체를 살펴볼 수 없을 만큼 궤멸된 것 아니겠는가.

혁신과 변화는 창조적 파괴에서 나온다. 우리는 폐허의 땅 위에 자유주의의 씨앗을 뿌려야 한다. 그것이 미래의 보수를 위해, 또 대한민국 전체를 위해 현 세대가 할 수 있는 가장 의미 있는 일 중 하나다. 구시대의 이데올로기에 사로잡힌 보수 정치인들이 말로만 '뼈를 깎을 것'이 아니라 진정한 살신성인의 자세로 내일의 보수를 위한 마중물이 될 수 있길 기대해본다.

리라이트

보수가 세워야 할 자유주의의 가치

초판 1쇄 인쇄 2018년 7월 5일
초판 1쇄 발행 2018년 7월 12일

지은이 윤석만
펴낸이 신민식

편집인 최연순
책임편집 이홍림

펴낸곳 가디언
출판등록 제2010-000113호

주 소 서울시 마포구 토정로 222 한국출판콘텐츠센터 319호
전 화 02-332-4103
팩 스 02-332-4111
이메일 gadian7@naver.com
홈페이지 www.sirubooks.com

인쇄 · 제본 (주)현문자현
종이 월드페이퍼(주)

ISBN 979-11-89159-06-1 (03340)

이 도서의 국립중앙도서관 출판예정도서목록(CIP)은 서지정보유통지원시스템 홈페이지(http://seoji.nl.go.kr)와 국가자료공동목록시스템(http://www.nl.go.kr/kolisnet)에서 이용하실 수 있습니다.(CIP제어번호: CIP 2018019852)